まんがと
ストーリーで
身につく

仕事力を爆上げする

図解思考

Jun Matsuda
松田 純

三笠書房

思考や情報が整理できずに…

こんな悩み、感じたことありませんか？

はじめに …2

序章
「図解思考」で手に入る 6つの能力

絵心ゼロでもすぐに使える！「図解思考」の魔法とは？　…20
「図解思考」で手に入る！人生を変える6つの力　…22
　メリット❶「情報整理」がスムーズにできる　…26
　メリット❷「説明・伝達力」が飛躍的に高まる　…26
　メリット❸「問題解決力」が身につく　…28
　メリット❹「アイデア発想」に役立つ　…28
　メリット❺「プレゼンテーション」が組み立てやすい　…30
　メリット❻「目標達成」にも効果バツグン　…30
図解スキルをマスターするための本書の読み方、3ステップ　…32
　ステップ❶ まんがとイラスト図解を読む　…32
　ステップ❷ 自分が活用したい「スキル」の該当部分を読む　…32
　ステップ❸ 紙に図解を描きながら読む　…33

第1章

[図解の基本]
絵心ゼロでもスラスラ描ける！図解テクニックをマスターしよう

初心者でも、たったの30分でスラスラ描けるようになる!?　…38

図解は才能ではなく、誰でもマスターできるスキル　…39

図解の基本の「き」とは？
　——すべての図解は「線」と「形」の組み合わせ！…40

　❶図解フレームを描く　…43

　❷イラストアイコンを描く　…46

　❸感情を描く　…48

線と形の組み合わせだけで、図解はスラスラ描ける！　…50

「型」を学べば、誰でも描ける！　…51

3回描くと、「自分使い（図解）」になる！　…52

うまく描くより、楽しく描く！　…53

ノートに図解するときの3つのポイント×3つのコツ　…54

会議でホワイトボードにサラッと図解を描いてみたい！　…56

第2章

[情報整理]
時間・労力・感情・アイデア・コミュニケーション…
5つのロスからあなたを守る図解思考

バラバラの情報は、あなたのエネルギーを奪い去る？ …62

情報の未整理が生む「5大ロス」
　　　── 時間・労力・感情・アイデア・コミュニケーション …64

5つのロスを5つの資源に変える方法 …71

情報整理の4つのステップ …72

　❶「見える化」する：頭の中の情報を「書き出す」 …74

　❷「分類／構造化」する：情報をまとめて整理し、体系化する …74

　❸「優先順位」をつける：最重要の20%を明確にする …76

　❹「行動」する：何を、いつ、やるかを決める …76

情報整理のクイックツール！
　　　──最強の組み合わせは「適切な質問×フレームワーク」 …78

図解実例集：「質問×フレームワーク」はこう使う！ …80

　❶やりたいこと×やるべきこと：優先順位チャート …80

　❷結果想定型のタスク分析：優先順位チャート …82

　❸役割バランス：優先順位チャート …84

なぜ重要な20%の要素に集中するだけでいいのか？ …86

「完璧主義」を手放すと状況が一気に進む …88

　コラム　付せんを使うと情報整理の楽しさ＆効率UP！ …90

第3章

［説明・伝達］
何度言っても「伝わらない…」が一瞬で「伝わる！」に変わる図解思考

「伝わらない」を一瞬で「伝わる！」に変える図解力 …96
情報は図解で整理すると、伝わりやすくなる …97
7つの神器ですべての情報は視覚化できる！ …98
　CASE ❶ 社内資料を作る …100
　CASE ❷ お客様の悩みに合わせて、商品コンセプトを考える …101
　CASE ❸ 全体像を示して仕事を委任する …102
❶【Who】「人」をアイコン化する …104
❷【What】「モノ」をアイコン化する …109
❸【How many】「量や数字」を図解化する …117
❹【Where】「場所・ポジション・位置関係」を図解化する …120
❺【When】「時間の流れや順番」を図解化する …126
❻【How to】「方法やメカニズム」を図解化する …129
❼【Why】「何のために？」を図解化する …132

第4章

[問題解決]
どんな難問もクリエイティブに解決する図解思考

頭がモヤモヤしたら…この図解で一発解決！　…140

どんな問題でも解決策が見つかる！　魔法の4マスチャート　…141

イメージ×感情×言葉の3つを組み合わせてアウトプット　…143

❶ Before（左下）：今の「悩み・課題」を書き出す　…144

❷ After（右上）：理想のゴール（得たい結果）を設定　…146

❸ Why / Mind（右下）：何のために？／大切な考え方は？　…148

❹ Action（左上）：行動のヒントを未来から受け取る　…150

感性と知性の掛け算で、ワクワクしながら問題解決！　…152

クリエイティブな解決策は未来から降りてくる　…154

まずは「小さな行動」を楽しむ　…156

第5章

［アイデア発想］
創造的なアイデアとひらめきを生み出す
図解思考

「何かいいアイデアない？」と思ったらこの図解！　…162
アイデアは技術、ひらめきはスキル！　…163
❶【ブレスト法】溢れるアイデアを書き出して結びつける！　…164
❷【マンダラチャート】9マスで新しい視点を見つける！　…167
❸【SWOT分析】強みや弱み、機会を捉えてビジネスチャンスに！　…170
❹【マインドマップ】イメージを図解化する世界的ツール　…173
❺【ペルソナ法】たった一人の人に思いを寄せニーズを理解　…176
❻【シックスハット法】6人の異なる視点で発想を多角化　…179
事例❶ブレスト法：名作『ドラえもん』の誕生秘話　…183
事例❷マンダラチャート：大谷翔平選手を成長させたツール　…184
事例❸ペルソナ法：一人を幸せにする発想で大ヒット　…185

第6章

［プレゼンテーション］
相手の心を確実に動かす！
「共感」×「納得」の図解思考

あなたのプレゼン、相手の心を動かしていますか？　…190

伝わるプレゼンは図解思考で設計できる！　…191

右脳と左脳の両方に働きかけるから「伝わる」！　…192

【右脳編】感情を動かす「ストーリー」の作り方　…194

相手が感情移入をする「主人公」のポイント5つ　…196

ポイント❶「主人公」像を具体的に設定する　…196

ポイント❷どんな「悩み・課題」を抱えている？　…196

ポイント❸何が「原因」となっている？　…198

ポイント❹理想の「ゴール」は？　…198

ポイント❺何のために？　…199

❶ Before → After の2コマ図解：世界で一番シンプルなストーリー　…200

❷初め・中・終わりの3コマ図解：3幕構成でドラマをつくる　…202

❸起・承・転・結の4コマ図解：4場面展開で物語性を演出する　…204

お客さまを笑顔にする「ストーリー」を組み立てよう！　…206

【左脳編】ロジックで納得へ導く図解思考　…208

相手を納得させる「ロジック」を図解化する　…213

【右脳×左脳編】伝わるのは「ストーリー×ロジック」の組み合わせ　…214

あなたのプレゼンの絵コンテを描いてみよう！　…218

第7章

［目標達成］
「イメージ×感情×言葉」で
成功を現実にする図解思考

目標は紙に書くだけでは叶わない …228

紙に書き出しても目標が叶わない3つの理由 …228

理由❶成功イメージが明確に描けていない …229

理由❷ワクワクの感情と目標がうまく結びついていない …230

理由❸行動が楽しく続かない …231

「イメージ×感情×言葉」で、目標と行動計画を「図解化」せよ！ …232

1年間の目標＆行動計画を明確にする Action Plan シート …234

現在の願望と目標を描き出そう …236

1年後の「理想のゴール」は？ …238

誰とどんな世界を作りたい？ …240

内面と行動を一致させる …242

長期目標を1カ月〜1週間の行動計画に分解する …244

「SMARTの法則」で1カ月間の重要目標を設定する …246

小さな行動を楽しみ、続ける仕組みを図解化する …250

終 章
あなたの仕事人生を
成功に導く図解思考

人生が変わる！ 図解思考6つのステップ …260

「図解思考」はあなたの内面と行動を一致させる …262

「図解思考」とは自己理解とコミュニケーションの技術 …264

思考の整理が苦手な人に…

──紙とペン1本で、人生は変わる!! …274

あとがき …276

番外編 …278

ダウンロード特典のご案内 …279

企画・編集協力　我妻かほり

まんが・イラスト図解　松田　純

図版作製　土屋裕子（ウエイド）

まんが写植　柴田香菜子、汐碇弥生子（インコムジャパン）

序　章

▶▶▶

「図解思考」で手に入る6つの能力

絵心ゼロでもすぐに使える！ 「図解思考」の魔法とは？

「頭の中でごちゃごちゃしている情報を、スッキリ整理したい……」
「相手にしっかり伝わるプレゼンを、もっと楽に組み立てたい……」
「周囲がアッと驚くようなアイデアを、スラスラ発想したい……」

　この本を手に取ったあなたは、こんな悩みを抱えているのではないでしょうか？　これからご紹介する「図解思考」のスキルを使えば、これらを丸ごと解決することができます。
　図解思考とは、複雑でまとまりのない情報や考えを、図解を使って視覚的に単純化・記号化・構造化することで、その本質をシンプルに捉えて思考を深める方法です。

「でも、図解って、絵心がないと描けないんじゃない？」
「私には、絵の才能がまったくないんだけど……」

　そう思って、これまで図解化をあきらめてきたあなた！
　本書を手にしたからには、もう大丈夫。どうぞ、安心してください。
　この本は、あなたのように絵心がまったくない人でも、絵を描くことに苦手意識がある方でも、スラスラと図解が描けるように、イチからやさしく解説していきます。
　必要なのは、ペンと紙だけ！　絵心や才能に関係なく、どなたでも、この本を読んだ30分後には、図解思考をマスターして、仕事や人生のパフォーマンスを一気に高めていただくことができるとお約束します。

　図解思考をマスターするには、これまでの思い込みを捨て、次の定義を理解することが第一歩となります。

図解思考　＝　❌「才能」ではなく　⭕「スキル」

　図解思考とは、生まれ持った特別な才能ではなく、スキルです。

　すなわち、「やり方」と「手順」を理解し、何度か使ってマスターすれば、誰もが身につけることができる《技術》だということ。

　私が自信を持ってこう断言できるのは、これまで国内外３万人以上の方々に、図解思考を伝授し、仕事や人生をアップデートするお手伝いをしてきたからです。老若男女を問わず、**30分もあれば図解思考をマスターし、イキイキと活用できる**ようになる様を見てきました。

　図解思考を使いこなせるようになると、バラバラでまとまりのなかった**思考が整理されて、時間・情報・アイデア・感情・エネルギーが効率的に活用**できるようになります。さらには、目標達成の**ゴールまでの道のりを一気に短縮**でき、**的を絞って行動**できるようになるため、**人的・物的・時間・エネルギーなど、あらゆるムダが省けます。**

　つまり、図解思考をあなたの毎日に取り入れることで、**あなたの仕事や人生のパフォーマンスをグンと底上げ**することができるのです。

「これまで思考を整理しようとして文字だけで書き出しても、なかなかスッキリしなかった」
「自分の考えや思いを言葉で相手に伝えようとしても、いつもうまく伝わらない」……

　そんな歯がゆい思いとは、今日で別れを告げましょう。

　驚くほどカンタンに実践できて、効果は無限大。
　あなたの仕事力を爆上げする「図解思考」の世界へ、ようこそ！

序章 ──「図解思考」で手に入る６つの能力

「図解思考」で手に入る！
人生を変える6つの力

なぜ、「図解思考」であなたの仕事力が爆上がりするのか？

その理由をご説明する前に、まずは私自身が人生のどん底を経験した、**失敗と挫折からの復活ストーリー**をお話しさせてください。

なぜなら、ほかならぬ私自身が「図解思考」のパワーによって、うだつの上がらない、冴えない人生から成功人生へと、180度転換を果たした経験があるからです。

四畳半アパート暮らし
借金300万円を抱え、電気も止められた極貧時代

熊本の田舎町から上京した私は、大学4年生のときに、子どもの頃からの夢だったまんが家としてデビューしました。

デビュー作は、禅の修行で経験した、心が震えるような「悟り」の感動体験を、童話ふうに描いた短編ストーリー。

というのも、高校時代から生き方で悩み苦しんだ私は、大学3年のときに東京・八王子の禅道場に入塾し、禅の師匠のもとで、本格的な禅の修行に入っていたのです。悩みが深かったぶん、それを突き抜けたときの感動は、大きなものがありました。

その後も、まんが家と禅修行者の「二足の草鞋」で仕事を続けながら、十数年のキャリアを重ねつつ、禅の修行も次第に深まっていきました。

30代半ばになった頃、それまで身につけた**まんがのスキルと禅の自己探究を融合させた「教育事業」を作りたい！** という思いが強くなり、意を決して起業することにしました。

ところが、熱い思いを持って起業したものの、数カ月後にはまったく身動きがとれない状況に陥ってしまいました。

自分の中に強い思いはあるものの、それをどう整理して、相手に伝えたらよいか、見当もつかない。どう商品化したらよいかがわからない。頑張って資料を作ってプレゼンしても、わかりにくいと突き返される。目標と計画を立てても、空回りして思うように行動が続かない……。

　そんなこんなで、経費や投資にお金はみるみる消え、**膨らんだ借金はゆうに300万円を超えました**。電気代を払えなくなったため、**当時借りていた月3万円の四畳半アパートは電気を止められ、灯のない暗い部屋で布団にくるまって、一日一食のカップ麺をすするような生活**。

　当時を振り返ると、やりたい思いはあるけれど、思考がまとまらず整理できない。相手にうまく伝えられない、共感されない。問題を先送りにし、ひらめきも十分に活かせない。目標を立てても、達成できない。

　そんな、自分の内面（思考や感情）と、行動（成果・結果）がうまくつながらない「ストレス」がずっと続いていたのです。

　しかし、**一冊の本との出合い**が、私の運命を変えました。

その本には、「右脳のイメージ力と左脳のロジカル力を、両方フル活用することで素晴らしい成果が出せる。カギとなるのは、簡単なイラストを使って頭の中を『図解化』することだ」──と書かれていました。

　これを読んで、私は、雷に打たれたような衝撃を受けました。
「絵が描けるという才能の使い方を、自分は間違っていたのかもしれない。頭の中に溢れる思いを、『図解化』すればよかったんだ！」
　それからは、図解テクニックを夢中で学びました。そして自分のまんがスキルと融合させた「図解思考」へと、独自に昇華させていったのです。

　図解思考で、バラバラだった思考はどんどん整理されていきました。描くことで、相手に伝えたい内容が不思議と明確になっていきます。物事を俯瞰（ふかん）することができ、問題解決能力がついて、創造的なアイデアを引き出せるようにもなりました。図解思考によって、私自身が人生の目標達成を一気に加速させることができるようになったのです。

こうして、赤字続きだった事業は、見事に危機を脱出。毎年業績を伸ばし続けて、V字回復を遂げました。また、書籍化したことで、海外展開や大学の正規授業への採用など、思わぬかたちで広がっていきました。

改めて「図解思考」のメリットを整理すると、次の通りです。
❶「情報整理」がスムーズにできる
❷「説明・伝達力」が飛躍的に高まる
❸「問題解決力」が身につく
❹「アイデア発想」に役立つ
❺「プレゼンテーション」が組み立てやすい
❻「目標達成」にも効果バツグン

あなたが図解思考をマスターして、毎日の仕事や生活の中で活用することで、この６つの力を手に入れ、仕事力を爆上げすることが可能になります。次ページから、詳しく解説していくことにしましょう！

メリット❶「情報整理」がスムーズにできる

1つめのメリットは、「情報整理」がスムーズにできることです。

「思考がまとまらず、なかなか頭の中が整理できないんです……」

という方でも、たった30分でできる図解化の基本をマスターして活用することで、**バラバラに散らかった頭の中や、モヤモヤした気持ちをスッキリと整理する**ことができます。

また、たくさんの情報や複雑な内容を整理したいときも、図解化のフレームワークを使うことで、要点をシンプルに整理することができます。

散らばった情報や思考は、あなたから想像以上に時間やエネルギー、貴重なチャンスを奪い去っています。

「情報整理」がシンプルにできるようになると、時間が効率的に使えるようになりますし、物事の優先順位が明確になるので、仕事やタスクもサクサク進められるようになります。

メリット❷「説明・伝達力」が飛躍的に高まる

2つめのメリットは、「説明・伝達力」がグンと高まることです。

図解スキルを使うことで、あなたが伝えたい情報や知識をシンプルに可視化できるようになります。「**百聞は一見にしかず**」という言葉もある通り、**複雑な情報でもビジュアルの力を使って図解化することで、情報と情報の位置関係や構造が、一発でわかる（伝わる）**のです。

例えば、いつも私たちが目にしている地図記号やピクトグラム、アイコンなども、図解化の一例です。これらが伝えてくれている情報や意味を、全部言葉だけで伝えようとすると、ものすごい情報量になると思いませんか？　読むだけでも大変ですよね（汗）。

図解化することで、あなたが伝えたい内容やメッセージを、直感的に相手と共有できるようになるのです。

メリット❸ 「問題解決力」が身につく

3つめのメリットは、「問題解決力」が身につくことです。

図解化のスキルを使えば、出口の見えない問題について悶々と考えたり、いつまでも思い悩む必要は、もう一切ありません。

図解化することで、あなたが今直面している問題をより高い視点から「俯瞰」しながら、全体像を客観的に眺められるようになるからです。

今の状況や目の前にある問題を「客観的」に捉えて考えることを「メタ認知」と言いますが、図解化によって、自然にメタ認知能力が高まり、今の状況や問題を俯瞰することができるようになるのです。

全体像を俯瞰して考えられるようになると、**最初に自分が「何を目指すのか?」という「理想のゴール」を明確にして、ゴールからの逆算思考で行動計画を立てられるようになります。**

また、問題を外から眺めることでベストな解決策がスムーズにひらめき、またポジティブな行動にもつながります。

メリット❹ 「アイデア発想」に役立つ

4つめは「創造的なアイデア」がひらめきやすくなることです。

図解化のアプローチで言えば、アイデアはスキルであり、ひらめきとは誰にでも生み出せる技術です。図を描くことで、**右脳のイメージやインスピレーション(直感)が活性化されて、新しい発想や創造的なアイデア**が湧きやすくなります。クリエイティブな思考を身につけるためにも、図解化のフレームワークは非常に有効なツールとなります。

新しいアイデアを生み出す「思考の型」を使うことで、発想力やインスピレーションを、誰でも楽しく手に入れることができるのです。

本書では、米メジャーリーグで活躍する大谷翔平選手がかつて活用していた、とっておきのフレームワークを紹介します。

メリット❺ 「プレゼンテーション」が組み立てやすい

　5つめのメリットは、心を動かす「プレゼンテーション」の構成がしやすくなることです。相手の気持ちをしっかりとつかみながら、しかも頭でも納得してもらえるパワフルなプレゼンができるとしたら？

　相手の心を動かすプレゼンというのは、相手の右脳系（イメージや感情）と左脳系（知性やロジック）に、同時に働きかける、わかりやすいアプローチを備えています。

　言い換えるなら、**相手の感情やイメージに訴えて心を動かすストーリー（共感）**と、**相手の知性に働きかけるロジカルなわかりやすさ（納得）**の、両方の力を併せ持っているのです。

　図解思考を使うことで、あなたは伝わるプレゼンを組み立てるための構成の「型」を理解し、いつでも活用することができます。

　あなたが相手に伝えたい・提案したい内容を、ストーリー性とロジカルなわかりやすさを融合させて、上手に構成できるようになるのです。

メリット❻ 「目標達成」にも効果バツグン

　6つめのメリットは「目標達成力」の向上です。

　目標を達成する上で、目標を紙に書き出すことの大切さはよく指摘されるところです。

　このとき、ただ単に文字で書き出すだけでなく、**図を使って達成したゴールイメージや感情を一緒に見える化できると、ワクワクする感情や明確な成功イメージを持って、行動が持続できる**ようになります。

　図解化によって、あなたが目標達成の「目的」や「成功イメージ」を明確に意識できるようになると、行動へのモチベーションもやりがいも、より大きく、深いものになっていきます。

　これにより、仕事や人生における優先順位を確認しながら、目標達成への効果的な行動を一歩ずつ、確実に進めることができるのです。

図解スキルをマスターするための本書の読み方、3ステップ

　この章の初めで、図解スキルは、絵心や絵の才能がなくても問題なくマスターできるとお伝えしました。

　そこで、図解スキルをスルッと身につけるために、本書のおすすめの読み方を、3つのステップに分けてご紹介しましょう。

☑ ステップ❶ まんがとイラスト図解を読む

　まずは第1章から第7章のまんがストーリーと、イラスト図解の部分だけをザーッと流し読みしてみましょう。主人公の松山ハルカが体験した**「図解思考」で人生が変わったサクセスストーリー**も、併せて楽しんでください。

　ストーリーを通して、図解思考の全体像や、どの順番で何を身につけると、スキルをマスターできるのかが見えてくるはずです。

☑ ステップ❷ 自分が活用したい「スキル」の該当部分を読む

　次にあなたが「図解思考」を通して、最も手に入れたいスキルを考えてみてください。

　あなたに必要なのは、「情報の整理力」でしょうか？　あるいは、「問題解決力」？　はたまた、「プレゼン力」を高めたいのでしょうか？

　本書では、**図解の基本から始まって、情報整理、説明・伝達、そして問題解決、アイデア発想、さらにはプレゼンテーション、目標達成へと少しずつレベルアップしながら図解思考の解説が続きます。**

　あなたの目的に合った各章のコンテンツとワーク部分を、丁寧に読み進めてみてください。必要な図解思考のエッセンスが理解できます。

☑ ステップ❸ 紙に図解を描きながら読む

　最後に、お手元にペンと紙を準備して、本書を読み進めながら、また、279ページの特典動画も参考にして、気楽に図解を描いてみましょう。

　最初から上手に描ける必要はありません。子どもの頃のラクガキ感覚で、描くことを楽しみながら読み進めていただければと思います。

　手を動かしながら図解を描いてみることで、記憶の定着もグンと高まりますし、学んだ知識をすぐに実践したり、**情報を整理しやすくなったり、新たなアイデアが浮かんだりと、**様々な効果を実感していただけることでしょう。

　本書は読んで終わりではなく、あなた自身も一緒に図を描きながら、楽しく図解を体験してもらえるように構成してあります。

　それでは「図解思考」の楽しい世界へ、早速ページをめくってみてください！

第 1 章

▶▶▶

［図解の基本］

絵心ゼロでもスラスラ描ける！
図解テクニックをマスターしよう

初心者でも、たったの30分で スラスラ描けるようになる!?

「そうはいっても、やっぱり、絵心がないと描けないんじゃない?」
「私は子どもの頃から絵がすごく苦手で、何度も挫折を繰り返してきたんです……」

　図やイラストを描くことについて、このように不安を感じる方もいるかもしれません。特に図解の初心者ほど、図やイラストを描くことに対する心理的なハードルは、よりいっそう高くなる傾向があるようです。

　図解スキルを身につけるために、まず大切なことは**「頑張って絵を描こうとしないこと」**です。子どもでも書けるような、**シンプルな線を引くこと**と、〇△□のような、**カンタンな形を描くこと**さえできれば、**図解スキルは誰でもマスターすることができます**。

　お手元にペン1本と紙があれば、あとはシンプルな線や形を組み合わせていくだけ。たったそれだけで、図解スキルをどんどん身につけ、活用できるようになります。

　まずは本章で「図解の基本」を理解していただき、第2章からは図解思考の6つの力を手に入れるための具体的なメソッドや図解フレームワークをご紹介していきます。
　どれも実践的な技術ばかりなので、あなたの目的に合わせて、仕事や日常生活で実際に使ってみてください。

図解は才能ではなく、誰でもマスターできるスキル

大事なことなので、ここで再度、図解の定義を確認しておきましょう。
図解を使いこなすためには、特別な才能や絵心は一切必要ありません。

図解思考 ＝ ✕「才能」ではなく ◯「スキル」

図解思考とは、生まれ持った特別な才能ではなく、スキルです。
スキルとは、「やり方」と「手順」を理解して、何度か使ってみることで、**誰もが身につけることができる《技術》**だということ。

私はこれまで、国内外3万人以上の方々に、図解思考のスキルをお伝えしてきました。受講生の皆さんは、初めは口々に、

「私は、絵が全然描けないんです……」
「子どもの頃から、絵心というものが皆無で……」

など、自信なさげにおっしゃいますが、わずか30分もあれば図解の基本テクニックを身につけ、その後は、

「こんなに簡単だとは驚きです！　楽しくて毎日使ってます！」
「自分にも図やイラストが描けるなんて、信じられません！」

と、日常の様々なシーンに図解スキルを活用し、目覚ましい成果を出されていきます。ですから、あなたもどうぞご心配なく。
まずは、ペンを片手にお好きなドリンクでも飲みながら、気軽にラクガキする気持ちでページをめくってください。

第1章【図解の基本】

図解の基本の「き」とは？
―― すべての図解は「線」と「形」の組み合わせ！

　図解思考で最も重要なポイント、それは、5つからなる【基本の「き」】を組み合わせるだけで、すべての図解やイラストがスラスラ描けるようになる、ということです。
【基本の「き」】とは、
- ❶横線
- ❷縦線
- ❸まる
- ❹三角
- ❺四角

の5つ。

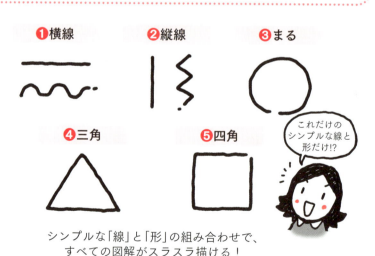

基本の「き」

シンプルな「線」と「形」の組み合わせで、
すべての図解がスラスラ描ける！

5つ全部描いても、わずか3分程度しか、時間はかかりません。
　さあ、実際にペンを手に取って、❶〜❺の5つの線と形を、紙に描いてみましょう。

❶まずは「横線」から。「横線」は、直線のほかに波線やジグザク線など、バリエーションをつけて練習してみます。並べて描いていくと、模様のようになっていきます。同じ線を5回くらい、描いてみましょう。

❷次は「縦線」。シンプルな直線から描いてみて、慣れてきたら、稲妻形のギザギザ線など、アレンジを加えてみます。これも5回、繰り返し書いてみてください。

最初は**少しくらい形が歪んだり、線が斜めに曲がってしまってもかまいません**。繰り返し書くことで、線と形を描くことに、体の感覚を少しずつ馴染ませていきましょう。

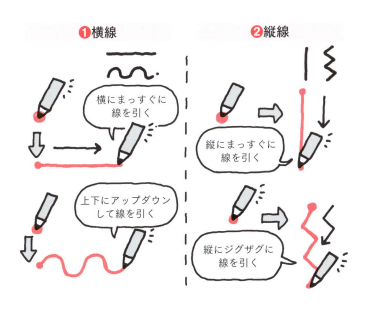

❸線をマスターしたら、図形にチャレンジ。まずは**「まる」**から。線をぐるっと一周させて、角のない円を描くと「まる」になります。まんまるが描けたら、縦長や横長の楕円にもチャレンジしましょう。

❹次は**「三角」**です。同じ長さの3本線をピッタリと組み合わせると正三角になります。慣れてきたら、縦長の三角、横長の三角、逆三角形など、色々な三角形のアレンジにチャレンジしてみてください。

❺最後は**「四角」**です。縦と横の同じ長さの線を2本ずつ組み合わせると、正方形になります。これも5回くらい練習してみましょう。次に、縦長の四角（長方形）、横長の四角、平行四辺形や、台形など、いろんなバリエーションの四角を描いてみましょう。

いかがでしょうか？　シンプルな線と形を使った5つの基本の「き」に、だんだんと慣れてきましたか？

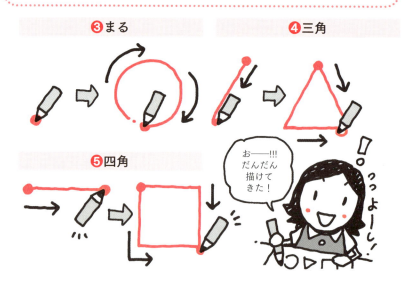

図解フレーム（基本編）

では次に、今練習した5つの線と形を組み合わせて、試しに簡単な図解やイラストを描いてみましょう。

初心者の方が最も手軽で描きやすい順番としては、❶図解フレーム ❷アイコン ❸感情表現の3つがおすすめです。

❶図解フレームを描く

図解フレームは、図解スキルの基本です。基本の「き」でマスターした5つの線と形を使って、実際に図解フレームを描いてみましょう！

① **一文字**（Before→After）
縦に一本の線を引き、右側と左側の区画にすることで、Before／AfterやUp／Downなど2つの領域で情報を整理することができます。
② **十文字**（カテゴリー分割）
さらに縦線と横線でシンプルな十文字を作ることで、Ⅰ～Ⅳの「4つの象限」で情報を整理する、簡単なマトリクスを書くことができます。

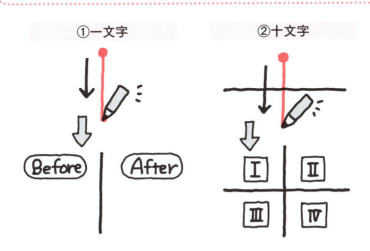

図解フレーム（基本編）

③ **相関図**（2つ円の組み合わせ）
　2つのまるを組み合わせる相関図は、共通項を表すことができます。
④ **ベン図**（3つ円の組み合わせ）
　3つのまるを組み合わせるベン図は、複数の集合体の関係性や、範囲、共通性を表すことができます。
⑤ **ピラミッド**（階層構造）
　ピラミッドと呼ばれる正三角形を使うと、下から上への階層構造を表すことができます。
⑥ **ファネル**（逆方向の階層構造）
　漏斗を意味するファネルは上から下の階層構造や数の減少を表します。
⑦ **マトリクス**（四角の分割）
　マトリクスは縦と横の2軸で分割した枠に、位置やポジションを明確化するときに使います。この図解は、第3章で詳しく解説します。

図解フレーム（基本編）

③相関図

④ベン図

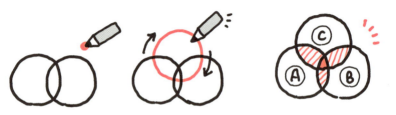

図解フレーム（基本編）

⑤ピラミッド

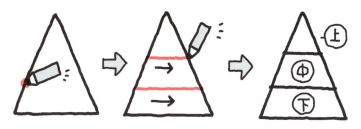

⑥ファネル

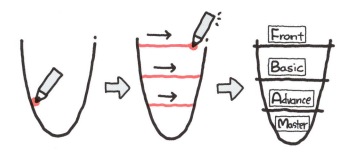

⑦マトリクス

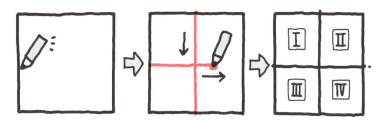

❷イラストアイコンを描く

次に、線と形を組み合わせることでイラストアイコンを描いてみましょう。イラストアイコンを使うことで、**イメージや意味を「見える化」して、頭の中の情報や思考を整理するパワフルなツール**になります。

また何より、イラストでビジュアル化することで、自分の考えを相手にわかりやすく直感的に伝えることができます。

①**矢印**　三角と四角の組み合わせで構成します。情報をまとめて構造化する際にも矢印イラストは有効です。
②**立札**　板書やノートに描く際も立札は便利です。
③**リボン**　文字を目立たせるときの演出としてリボンを使います。
④**太陽**　表情を入れて、擬人化すると親しみやすくなります。

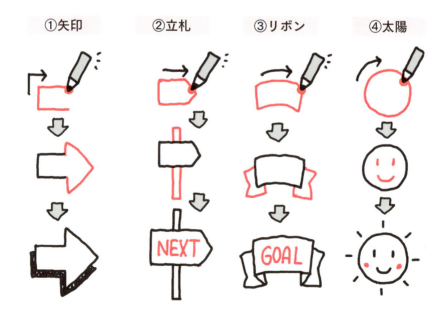

⑤**ペン** 長方形と三角形の組み合わせで表現します。先端から線を引くことで「書いている動き」を追加することができます。

⑥**ノート** メモやファイルなどの意味も持たせられ、活用範囲が広い便利なアイコンです。

⑦**ハート** ワクワクする気持ちや、好ましい、楽しい感情を表現するときに便利なマークです。

⑧**パソコン** 仕事やビジネスで、ITやDXなどの意味をシンプルなイラストで表現できます。また④の太陽と同様に、シンプルな表情をつけて擬人化することでキャラクター感が出て、見た人の心を動かせるようになります。

※イラストアイコンや感情表現のバリエーションについては、第3章で詳しく解説します。

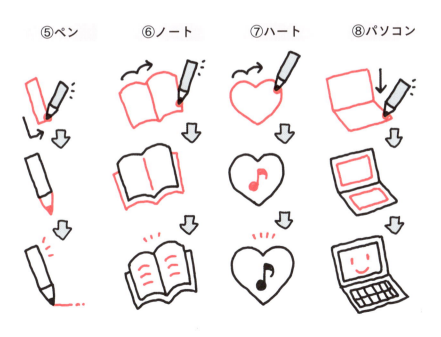

❸感情を描く

　最後に「**感情表現**」をイラストで書き出してみます。感情をイラストで描けるようになると、**自分の気持ちや状態を直感的に見える化でき、思いを伝えるツールとして色々な場面で活用**することができます。

- **⦿基本**　円の中に２本の線（眉毛）を引いて、その下にスイカの種のような目を２つと、点（鼻）、曲線（口）を書き入れます。最後にほっぺに赤みを差してあげると、ほっこりした雰囲気を演出できます。
- **①うれしい**　眉毛の端を吊り上げて、目はにっこり山形にします。口を半円にして背景に十文字でキラキラをつけます。
- **②悲しい**　眉毛の端を下げ、目を斜めにして、口は波線に。汗をかかせて頭の左上に縦線を５～６本引くのがポイントです。アニメでよく使われるこの縦線は、ネガティブな感情を引き立たせてくれます。

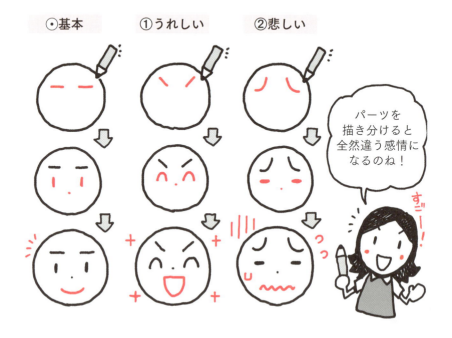

③**怒る**　眉毛は✔マークのように中央から両端にかけて凹みをつけて両端を吊り上げ、両目も吊り上げて口をへの字にします。また十文字のような青筋（血管）を描いて、汗をかかせて頭から湯気を出すと、怒った雰囲気がさらに高まります。

④**驚く**　眉毛はU字形にカーブを描き、目を丸く開けて口を大きく開きます。汗をかかせて、顔の左側には「！」のびっくりマーク。顔の右側にはトゲトゲの王冠のような形（演出記号）を描くと、驚いた雰囲気が表現できます。

⑤**HAPPY**　眉毛の端を吊り上げて、目は向かい合う両矢印のような形状に描いて、半円の口を縦長に大きく開きます。ほっぺに赤みを差して、背景に星印をつけると、ポジティブなHAPPYの表情になります（背景は①と同様の十文字キラキラでも可）。

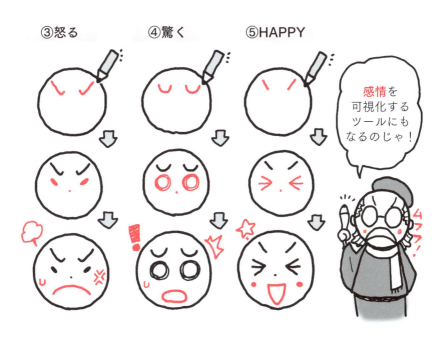

線と形の組み合わせだけで、図解はスラスラ描ける！

　5つのシンプルな「線」と「形」を組み合わせるだけで、あなたの頭の中の情報を取り出して「見える化」（視覚化）する、図解フレーム、イラストアイコン、感情表現がいとも簡単に描けてしまいましたね。
　最初にお伝えした、5つの【基本の「き」】である、❶横線　❷縦線　❸まる　❹三角　❺四角　を組み合わせると、すべての図解やイラストに使える！　という意味がご理解いただけたかと思います。

　そしてこれらは、組み合わせの「型」を覚えることで、色々な図解やイラストをいつでも好きなときに取り出して描けるようになります。

線と形を組み合わせると、自在に図解化できる！

「型」を学べば、誰でも描ける！

　さて、ここまでお読みの方は、もうお気づきかもしれません。
　5つの基本の「き」をどんな順番で組み合わせると、どんな図解やイラストになるのか？　というのは、実は**一定の「型」（パターン）が決まっています。**
　図解やイラストがスラスラ描ける人は、実はこの「型」を知って、使いこなしている人なのです。

　もしあなたがこれまで図解やイラストに苦手意識があったのだとしたら、それは才能や絵心がないのではなく、**「型」を知らなかっただけ。**
　図解の「型」を1つずつ覚えてバリエーションを増やしていくことで、あなたはいつでも好きなときに、頭の中を可視化して伝えられる「便利な道具」として、図解やイラストを使いこなせるようになります。

　「型」を覚えるためには、まずは**お手本を真似しながら、3回以上紙に描いてみてください。**3回めを描き終えた頃には、お手本を見なくても、スラスラと必要な図解やイラストが描けるようになっています。これが、体で覚えて自分のモノにする、すなわちマスターするということです。

　この「型」をマスターするプロセスは、小学校で学んだ「漢字の書き取り」や、英語の授業で「英単語」を覚えた学習法にも似ています。
　色々な漢字や英単語を覚えればそのぶん、文章表現のバリエーションが増えて、表現力が豊かになりますよね。
　10個しか英単語を知らない状態と、500個の英単語を知っている状態では、書ける文章の幅や表現力がまったく違ってくるのと同じです。

▶▶▶ 3回描くと、「自分使い（図解）」になる！

　1つの図解やイラストを3回以上描いて練習すると、それはあなたが普段使いでいつでも活用できるスキルとして、神経回路（長期記憶）に定着し、しっかりと身についていきます。

　あなたが「型」を理解して、マスターすればするほど、必要な図解やイラストを組み合わせて、頭の中の情報をわかりやすく構造化できるようになるのです。

　「3回描くと、自分使い（図解）になる！」という言葉の通り、最初はお手本の真似をしながら、自分使いの「型」を1つずつ身につけ増やしていってください。気づけばあなたは、自分の中にある情報や思考を、図解やイラストでいつでも取り出せるようになっているはずです。

うまく描くより、楽しく描く！

ここで図解化をマスターするために大切な考え方（マインドセット）をお伝えします。それは、**「うまく描こうと思わない」**こと。「うまく描く」ことよりも**「楽しんで描く」**ことに意識を向けてほしいのです。

うまく描こうとすると「下手だと思われたらどうしよう？」「ここがダメだ……」といった、自己否定モードに入りがちになります。

しかし、図解スキルの目的は、あくまでも思考整理や伝えるための道具として図解を使うことであり、**誰かと競い合うことではありません。**

学んだスキルを使って「楽しく描く」ことにフォーカスしていると、不思議なことに、自然とスキルが向上して上達も早くなっていくのです。

ノートに図解するときの 3つのポイント×3つのコツ

　実際にノートに図を描く上で「どうやったらもっとうまく描けるか」というテクニックを、さらに知りたい方がいらっしゃるかもしれません。ノートに線を引くときのポイントを3つ、お伝えしましょう。

☑ ポイント❶ 全体と部分のバランスを意識する

　1つめのポイントは、線や形を描くときに、全体像の中での部分と部分の位置づけを、きちんと意識しながら描くことです。
　全体と部分の《バランスを取る力》が、見やすい図解を描くスキルの本質です。このバランス感覚は繰り返し描くことで自然と身についていきますし、慣れてくると誰でもスムーズに描けるようになります。

☑ ポイント❷ 歪みを楽しむ

　図解化では、完璧を目指す必要はありません。少しくらい歪んだ線や不完全なイラストでも、楽しみながら描くことが2つめのポイントです。
　視覚認知的にいえば、私たちの脳は**パワポで書かれたような隙のないピシッとした図形や線よりも、手描きの温かみのある揺らぎのある線のほうが、心地よさや安心感を得て、発想が柔軟になる**といわれています。自分が描いた線の歪みを楽しむくらいの気持ちで、肩の力を抜いて気軽に描いてみることが大切です。

☑ ポイント❸ まずは描いてみる！　描きながら考える

　思考を整理したいと思ったら、まずは描くことです。**整理できてから描くのではなく、描くことで整理されていく**のです。図解もイラストも繰り返し描くことで、必ず慣れてきて自然に上達していきます。間違っても、下手になることはありません。気軽に描いてみましょう！

見やすい図解を描くためには、前ページの3つのポイントに加えて、「体の使い方」も重要です。次の3つのコツを意識しましょう。

☑ **コツ❶ 重心を意識する**
　線を引くときには、**腰をグッと入れて下腹部の重心を意識しながら描くと、全身の意識とエネルギーを線に込めやすく**なります。

☑ **コツ❷ 体全体を使う**
　見やすい線を引くには、**手先だけで描こうとしない**ことが大事。**体全体を使って描くことで、線に安定感と存在感**が出ます。

☑ **コツ❸ 呼吸を整える**
　呼吸を整えることで、**思考や感情が穏やかになり、その時々に浮かぶ気づきやインスピレーションを大切にする**ことができます。

ノートに線を引く3つのコツ！

 ❶ 重心を意識する
　腰を入れて全身運動

 ❷ 体全体を使う
　手先だけで描かない

 ❸ 呼吸を整える
　落ちついた心で

第1章【図解の基本】

会議でホワイトボードに サラッと図解を描いてみたい！

　会議の板書で、綺麗な線を引けると見やすいしカッコイイですよね！
　見やすい板書ができるとそれだけで、会議の雰囲気が変わりますし、活発な議論のきっかけになり、周りからも一目置かれます。
　綺麗な板書をするポイントは、前述の「体の使い方」と同様で
❶**重心を意識する**　❷**体全体を使う**　❸**呼吸を整える**
の３つを意識します。
　武道や芸道のお稽古と同じように、**「重心を下半身に置いて、腰を起点に全身で線を引く。呼吸を整え、集中する」**ことが本質です。
　この３つを意識するだけで、存在感のあるクッキリとした見やすい線が引けるようになりますよ。

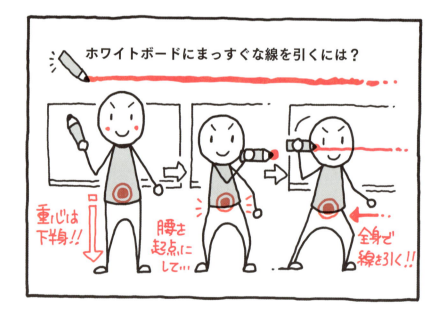

第2章

▶▶▶

［情報整理］

時間・労力・感情・アイデア・
コミュニケーション…
5つのロスからあなたを守る図解思考

バラバラの情報は、あなたのエネルギーを奪い去る？

「んも〜っ！　思考がまとまらず、企画が全然進まない（涙）」
「気持ちが焦るばかりで、何から手をつければいいのかわからない！」
「部屋の中が片づかなくて、いつもイライラしてしまう……（怒）」

　こんなもどかしい経験、誰しも一度はお持ちではないでしょうか？
　頭の中がゴチャゴチャして整理できていないと、物事がうまく進まずに、時間の効率もガクンと下がってしまいますよね。
　しかもムダなことに労力を費したり、伝わるものも伝わらず、時間やエネルギーに余計なコストがかかったりしています。

　頭の中が整理されていないことで生まれる**「5つのロス（損失）」**、すなわち、❶時間　❷労力　❸感情　❹アイデア　❺コミュニケーションは、あなたの大切な人生の時間や可能性をジワジワと奪っていくのです。

　そこでこの章では、情報を整理することでこの「5つのロス」をなくして、あなたの願望も叶えてしまう、「思考整理の図解化スキル」をお伝えします。

　このスキルを使うことで、あなたの人生の時間や労力が大幅に削減できるだけでなく、それらをもっと有効に使えるようになりますよ！

情報が整理されずに生まれる《5つのロス》

情報の未整理が生む「5大ロス」
── 時間・労力・感情・アイデア・コミュニケーション

❶「時間」のロス

　思考がまとまらない頭の中は、たくさんの情報がバラバラのまま放置された状態です。たとえるなら、散らかった部屋の中で、探し物をしなければならないようなもの。「今の自分にとって大切なことは何か？」「何から取り組んだらいいのか？」など、**優先順位が明確になっていないことで、あなたの作業効率やパフォーマンスがガタ落ち**しています。

　思考の整理ができないと、何をするにも時間が足りず、いつも余裕のない「時間に追われる状態」に陥ることになります。

　一日24時間は、仕事でも人生でも、最も大切な資源です。**限りある時間を最大限に活用し、重要な作業を効率的に進めるためにも、まずは「思考の整理」**が必要なのです。

❷「労力（エネルギー）」のロス

　思考が散らかった状態だと、意識と行動のエネルギーの集中が散漫になりがちです。目の前のことに取り組もうとしても、別のことが気になってしまい集中力が途切れて、思うように仕事や作業が捗らないこともしばしばです。

　「シンプル・イズ・ベスト」「明確さは力なり」という言葉にもあるように、**思考が整理されフォーカスポイントが明確であればあるほど、そこに向けられた労力は効果的になり、最大成果につながります。**

　反対に思考が整理されていない状態では、あなたのエネルギーはぼやけ、**雑念に振り回されて、非効率な状態で作業し続ける**ことになります。

❶ 時間のロス

❷ 労力のロス（エネルギー）

❸「感情」のロス

思考の整理や明確化を先送りにしてしまうと、心の中でも同様に、未解決の問題や気になっている心配事について、モヤモヤ、イライラ、ぐるぐる、などのネガティブな感情が湧き上がり、気がついたらそれらにとらわれ振り回されている、ということも少なくありません。

否定的な感情に必要以上に振り回されるのは、不安の正体が漠然としていて、明確化されていないときに起こります。

解決には直接つながらないのに、不安や怒りなどのネガティブな感情にとらわれ、自分の中でぐるぐると堂々巡りをしていると、結果的に自分自身も傷つくことになります。

ここで、散らかった思考や感情を描き出して「見える化」してしまえば、**不安やイライラの正体を理解でき、ムダに悩む必要はなくなります。**ネガティブな感情から自分を解放することで、精神的な健康を維持することにもつながるのです。

❹「アイデア」のロス

アイデアというのは、現状をよりよい方向へと変えていくための内的な気づきやひらめきの力によってもたらされます。仕事やプライベートでも、このアイデアを受け取ることで、成長や改善を進めることができますし、特に仕事において「新しい価値を生み出す」という点でも、自分の直感から画期的なアイデアを生み出すことは、極めて重要です。

ところが、頭の中が整理されておらず、思考がまとまらない状態のままでは直感からのメッセージを受け取りにくくなり、**アイデアという知的資源を生み出せなくなります。**

AIやテクノロジーとの共存が進み、新しいアイデアが大きな価値を生む時代では、**直感のひらめきを活用できないことは、仕事や人生においても多大な損失とダメージにつながってしまう**のです。

❸ 感情のロス

❹ アイデアのロス

❺「コミュニケーション」のロス

自分では、きちんと伝えたつもりでいたのに、相手には、全然別の意味で伝わってしまった……。

誰しも、そんな苦い経験が一度はあることでしょう。

相手に自分の考えが**「伝わらない」原因の8割は、そもそも伝えたい内容を、自分の頭の中で整理できていない**ことにあります。

相手とコミュニケーションを取る前に、自分自身の考えや思いを図解化して整理しておくことで、「何を伝えたいのか?」を、シンプルに構造化してまとめることができます。

この作業をしないと、自分が伝えたいことと相手の認識との間にズレやギャップが生じてしまい、伝えたつもりだけど伝わっていなかった、というすれ違いが起こりかねません。

特にチームや組織で仕事をする際は、お互いの理解にズレがあると、物事がスムーズに進まなくなり、フラストレーションを感じて前に進まなくなってしまいます。

※図解化スキルを使う「伝える技術」(説明・伝達)については、第3章・第6章で詳しく解説します。

あなたの中の情報は、シンプルに整理されていますか?

頭の中の情報がバラバラでまとまっていないと、気づかないうちに**「5つのロス」**にあなたの大切な時間やエネルギーを奪われ、人生の貴重な資源(リソース)を失い続けているのかもしれません。

❺ コミュニケーションのロス

さて、「5つのロス」(損失)、あなたはいくつ当てはまりましたか？

❶**時間のロス**：優先順位がぼやけて非効率に。いつも時間が足りない
❷**労力のロス**：無駄なことにエネルギーを奪われ、成果が上がりにくい
❸**感情のロス**：ネガティブな感情や過去の失敗にとらわれがち
❹**アイデアのロス**：新しい発想やアイデアが湧かない、活かせない
❺**コミュニケーションのロス**：認識のズレや誤解がトラブルの原因に

　この「5つのロス」をそのままにしてしまうと、仕事や人生で不必要なコストが余分にかかってしまいます。
　限りある人生の時間を考えると、これは非常にもったいないことです。
　ですから、思考がまとまらない状態で時間やエネルギーを浪費しながら、無理やり走り続けようとするのではなく、まずは落ち着いて、頭の中を整理（図解化）することが大切なのです。

5つのロスでムダ使い：情報が整理できないと…？

5つのロスを
5つの資源に変える方法

　それでは、何をどのような順番で進めたら、頭の中でまとまらない情報は、スッキリと整理されたシンプルな状態に変わるのでしょうか？
「5つのロス」（損失）を手放して、反対に「5つの資源」（リソース）に変えるための情報整理の方法とは、何でしょうか？
　ここでいよいよ、「図解思考」が役に立ちます。

　頭の中のバラバラの情報を整理するためには、まずは**その情報を全部書き出して「見える化」する**必要があります。
　一度すべて「見える化」してみることで、頭の中で繰り返し考えている情報がどんな内容なのか、どんなパターンや分野があるのかが、初めて明確に見えてくるからです。

　「見える化」することで私たちは、自分の頭の中の情報を取り出して《客観視》することができるし、さらにはそれを**整理したり、分類したり、構造化したりできる**ようになります。

　情報整理の図解化のポイントは、**バラバラに散らかった頭の中の情報を「見える化」することで、スッキリ整理して分類・構造化**すること。
　そうすることで情報全体のうち「何が幹なのか？」「何が枝葉なのか？」がはっきりと明確になり、物事の優先順位が自然と定まります。
　優先順位が明確に見えたら、重要なものから順に行動に移すだけ。行動することで、モヤモヤの課題は解消されていきます。

　次ページから、情報整理のための図解化ステップを4つに分けて、詳しく解説していきます。

情報整理の４つのステップ

思考を整理する４つのステップをまとめると、以下のようになります。

❶「見える化」する

頭の中にある情報を、**いったん全部書き出して「見える化」**します。

もし、頭の中だけでぐるぐる考えていたら、思考と不安の堂々巡りで、情報は散らかる一方になってしまいます。まずは頭の中の情報をどんどん紙に書き出して、今の自分のモヤモヤや考えを「見える化」していきましょう。

❷「分類／構造化」する

書き出した情報を整理するステップです。今のモヤモヤは、主にどんな分野のことか？ 「見える化」した情報を客観的に眺めながら、それぞれのグループごとに赤色の枠でくくってまとめてみましょう。

書き出した情報を分類したり、図を描いて構造化したりすることで、自分の関心事や心配事の全体像が明らかになっていきます。

❸「優先順位」をつける

書き出した情報やタスクの中で、**今の自分にとって重要なものを選び優先順位をつけていきます。**ここで全体の20％くらいに絞ることがポイントです。本当に重要なことは、自然とそれくらいに絞られるはずです。

❹「行動」する

最重要事項が決まったら、それを行動に移します。

74ページ以降、さらに詳しく４ステップを解説していきましょう。

情報整理の4ステップ

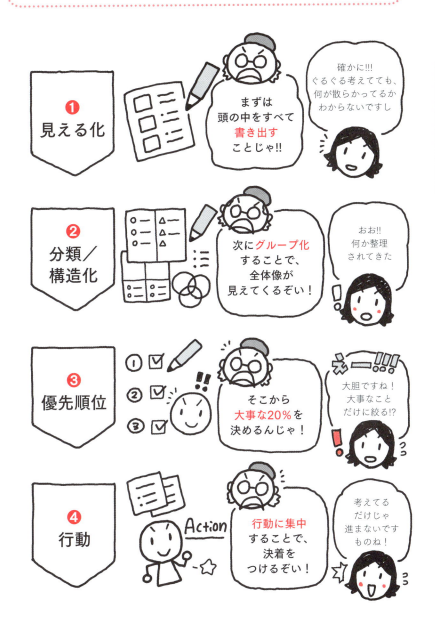

❶「見える化」する：
　頭の中の情報を「書き出す」

　情報整理の最初のステップは、整理したいテーマを選んで、頭の中の情報を思いつくまま、すべて書き出すことです。**書き出して「見える化」することで、自分の考えや心配事を客観的に自覚できるようになります。**

　今あなたが気になっていることや、しなければならないと感じていることなど、思いつくままに書き出してみましょう。

　仕事のことや、家族のこと、自分の健康のことかもしれません。

　また仕事においても、プレゼン資料の作成案件、部下とのミーティング、経費処理の件など、色々なことが浮かぶでしょう。

Q「見える化」のための質問
・今あなたがモヤモヤしていることは何ですか？
・「やらなきゃ」と思って気にかかっていることは何ですか？

❷「分類／構造化」する：
　情報をまとめて整理し、体系化する

　2番めのステップは、書き出した情報を整理して分類することです。

　頭の中を「見える化」できたら、それを**いくつかの分野でグルーピングできないか、考えてみましょう。**

　客観的な視点で全体を眺めながら、情報を「俯瞰」してみることで、いくつかの分野にグルーピングできるかもしれません。あるいは、悩んでいるテーマの傾向が見えてくる、ということもあります。

　あなたの考えを構造化してみることで、何が幹で、何が枝葉なのかがさらに明確になるでしょう。

Q「分類／構造化」するための質問
・書き出した内容はどんなグループや分野に整理できるでしょうか？
・さらにそれを構造化するとしたら、どう整理するでしょうか？

❶ 見える化する

まずは頭の中にあるものを書き出すことじゃ!!

頭の中の思考や感情は、**書き出して見える化することで、客観的に意識**できるようになる。
第1ステップは頭の中にあるものを書き出して、見える化してみよう!!

Q 質問

◎今、モヤモヤしていることは？
◎「やらなきゃ」と思って、気にかかっていることは？

第 2 章 【情報整理】

❷ 分類／構造化する

グループ別に分けることで、**全体像と構造が見えてくる**ぞい！

頭の中が書き出せたら、**それらの情報をグループ化**できないか考えてみる。
そうすることで、今の自分の考えや悩みの全体像や傾向が体系的に整理できるようになる。

Q 質問

◎どんなグループや分野に整理できるだろうか？

75

❸「優先順位」をつける：
　　最重要の20％を明確にする

　さらにそれらの整理した情報の中で、重要だと思うものをピックアップして「優先順位」をつけていきます。色々ある情報やタスクの中で、「今の自分にとって、本当に重要なものは何か？」を明確にします。

最終的には、20％程度に絞り込むことを目標にしましょう。

　あなた自身の価値観で選択するしかありませんが、判断基準に迷う場合は、下記を参考にしてみてください。

・「今の自分は何を重要だと感じるのか？」（タイムリーな重要度）
・「それをやらないことでどうなるのか？」（実行しないリスクや損失）

　これらを考えることで、重要度を明確にしやすくなります。

Q 「優先順位」をつけるための質問

　・今のあなたにとってもっとも重要だと感じるものは？
　・それをやらないことでどうなると思いますか？

❹「行動」する：
　　何を、いつ、やるかを決める

「思考が整理できない」悩みの根本原因は、2つあります。

　1つめは、**散らかった情報の中から重要事項が絞り込めないこと。**

　2つめは、**行動を先送りにしてしまうこと**です。

　最重要事項が明確にできたら、あとは行動するだけです。

　行動することによって、長年抱え込んでいた課題やモヤモヤした気持ちはスッキリと解消されて消滅します。これを繰り返していくことで、どんどん思考も行動もシンプルになり、また効果的になっていくのです。

Q 「行動」するための質問

　・まず何からやるとよいですか？
　・いつやると決めますか？

❸ 優先順位をつける

> それらの中から最重要の20%を選んで、順位をつけるのじゃ！

次は、それらの中から、重要だと思われるものをピックアップして、**優先順位をつけていこう。**
最終的には、**最も重要な20%だけ**に集中すればよい。

Q 質問

今のあなたにとって
◎最も重要だと感じるものは？
◎それをやらないことで、どうなる？

❹ 行動する

> 行動することで、必ず状況は変化するぞい！

あとは、最重要の20%に集中して、**必ず行動すること**。行動すると、シンプルでスッキリした状態になる。
この❶→❹を繰り返すことで、頭の中の情報整理はどんどん進んでいく。

Q 質問

◎まず、何からやるとよい？
◎いつやると決める？

情報整理のクイックツール！
──最強の組み合わせは「適切な質問×フレームワーク」

　さて、情報整理の４ステップはしっかりと理解いただけたと思います。この４ステップを意識して使うだけでも、十分な効果は得られるのですが、ここからはさらに《図解化スキルの応用編》として、情報整理の４ステップをさらにシンプル化した、いつでもすぐに使える、**思考整理の最強クイックツール**をご紹介しましょう。それは……

❶適切な質問 × ❷フレームワーク（型）　の組み合わせです。

　どういうことか、簡単に説明しましょう。

❶適切な質問
　私たちの脳は「適切な質問」を投げかけることで、自動的にその答えを探し始めます。この性質を活用して、**思考整理を促す「適切な質問」を順番に投げかけていくこと**で、情報の整理をスムーズに促し、**思考の構造化をスピードアップ**させることができます。

❷フレームワーク（型）
　さらに、質問によって浮び上がった答えを**「型」に当てはめて整理する**ことで、**情報の分類や構造化が加速されます。**
　また優先順位の明確化と行動までが、1枚の図解シートに書き出すだけの「ワンオペワーク」で完結できるようになります。

　次節からご紹介する３つの図解化フレームは、思考を整理するための適切な質問とフレームワークを組み合わせたものをツール化しています。
　目的や用途に応じて使い分けながら、ぜひ活用してみてください。

頭の中の情報整理をスムーズにする！ 2つのポイント！

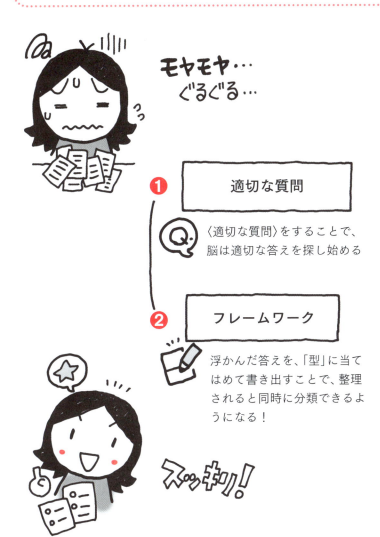

① 適切な質問

〈適切な質問〉をすることで、脳は適切な答えを探し始める

② フレームワーク

浮かんだ答えを、「型」に当てはめて書き出すことで、整理されると同時に分類できるようになる！

第2章 【情報整理】

図解実例集：
「質問×フレームワーク」はこう使う！

❶ やりたいこと×やるべきこと：優先順位チャート

メリット
- やりたいこと（願望）とやるべきこと（責任）の両方をバランスよく可視化しながら、重要度の高いタスクに時間を集中できる

Q 「やりたいこと×やるべきこと」質問
①今やりたいと思っていることは？
②今やるべきだと感じていることは？
③それらに優先順位をつけると？（TOP3〜5）
④まず何から行動しますか？
⑤それはいつ始めますか？

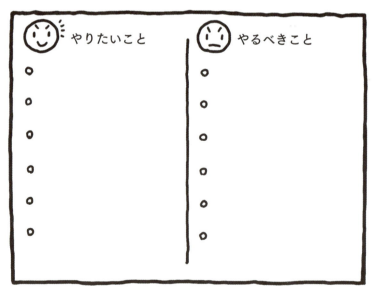

❶ 願望と責任の両方にバランスよく取り組みたいとき

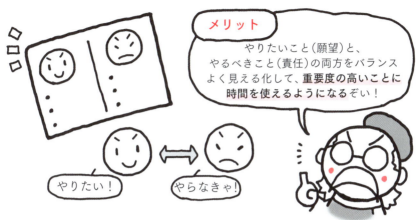

① 今やりたいこと思っていることは？
② 今やるべきだと感じていることは？
③ それらに優先順位をつけると？（TOP3〜5）
④ まず何から行動しますか？
⑤ それはいつ始めますか？

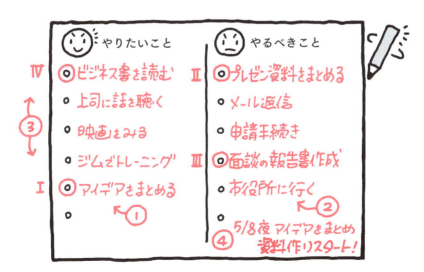

❷結果想定型のタスク分析：優先順位チャート

メリット
- タスクごとのBefore → Afterでの結果を想定した上で優先順位をつけることができる
- 未来をイメージして思考整理ができる

Q 「結果想定型のタスク分析」質問
① 今気になってモヤモヤしていることは？
② もしそれが解決できたらどんな理想の状態になる？
③ それらに優先順位をつけると？（TOP3）
④ まず何から行動しますか？
⑤ それはいつ始めますか？

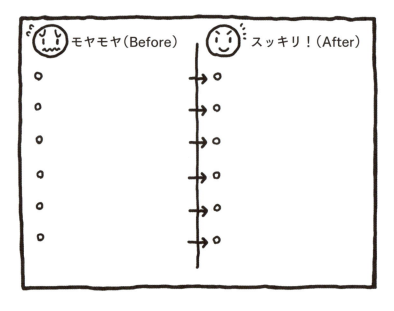

❷ 結果を見据えて、タスクの優先順位をつけたいとき

① 今、気になってモヤモヤしていることは？
② それが解決できたら、どんな理想の状態になる？
③ それらに優先順位をつけると？（TOP3）
④ まず何から行動する？
⑤ いつから始める？

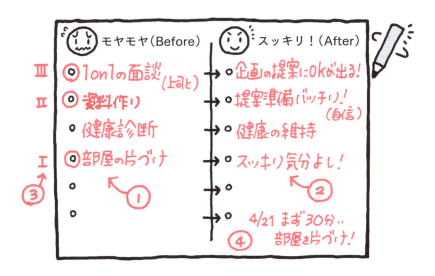

❸役割バランス：優先順位チャート

メリット
- 役割ごとにタスクを書き出しながら、バランスを考慮して優先順位をつけることができるため、タスクが偏らない
- 仕事、自分、家族、コミュニティなど、人生のバランスを俯瞰しながら行動計画を考えることができる

Q 「役割バランス」質問
①それぞれの分野で今気になってモヤモヤしていることは？
②それぞれの分野でこれからやろうとしていることは？
③それらに優先順位をつけると？（TOP3）
④まず何から行動しますか？
⑤それはいつ始めますか？

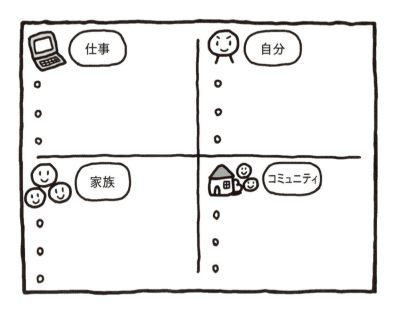

❸ **役割ごとのバランスをとってやることをタスク化したいとき**

① それぞれの分野で、今気になっていることは？
② それぞれの分野で、これからやろうとしていることは？
③ それらに優先順位をつけると？（TOP3）
④ まず何から行動する？
⑤ いつから始める？

※役割は自由に変えてもOK!!

なぜ重要な20％の要素に集中するだけでいいのか？

「優先順位を20％に絞って大丈夫ですか？」
「タスクはどれも大事だと思うのですが……」
　情報整理を進める中で、そう考える方もいらっしゃるかもしれません。もちろん、優先度が低いからといって切り捨てることのできない、重要なタスクもあるかと思います。

　あなたは、「結果の80％は、全体の20％の要素によって生み出される」という《パレートの法則》について、聞いたことはありませんか？
　イタリアの経済学者パレートが発見した法則で、昨今ではビジネス的に解釈を広げることにも有効性が認められています。例えば……、
「売上の8割は、2割の上得意の顧客によってもたらされる」
「1日の仕事の成果の8割は、2割の集中した時間が作っている」
「故障の8割は、全部品のうち2割に原因がある」
　といったことです。

　このパレートの法則を理解することによって、「選択と集中」が最も効果的な成果を生み出す、という視点を持つことができます。
　限られた時間の中で、何もかもすべてのタスクにいっぺんに取り組もうとするよりも、重要な20％に集中するほうが、より質の高い大きな結果につながるのです。

　使える時間は限られているのに、あれもこれもやろうとして気持ちは焦るばかりで、なかなか行動が手につかない……。
　それよりもまず重要な20％に集中することで、思考の整理も、状況のポジティブな変化も着実に進めることができます。

20：80の法則《パレートの法則》

トップ20％の要素が全体の80％の結果を生んでいるという法則じゃよ！

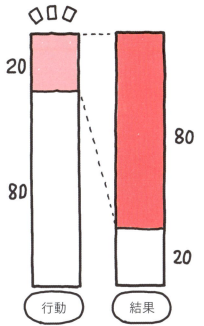

なるほど!!!
2割の大事な行動をすれば
8割の結果は出せる!
ってコトか!!

▶▶▶ 「完璧主義」を手放すと 状況が一気に進む

「時間が足りなくて、やりたかった仕事が全然終わらない……」
「仕事を終わらせられない自分に、ついダメ出ししちゃうんです」

　思考の整理や時間の使い方で悩んでいる方には、そう感じてしまう方も多いかもしれません。やろうと思っていたことが進まなくて、自分で自分が嫌になってしまう。焦る気持ちで、余計にストレスが溜まる……。

　でも少し考えてみてください。**すべてのことを完璧に終わらせられるような時間なんて、そもそも存在していないのではないでしょうか?**
　もしかしたら、そんな方は全部を《完璧にやらなければならない》と考えてしまう、**「完璧主義」の沼**にハマっているのかもしれません。

完璧主義マインド　…書き出したタスクを全部やろうとして苦しむ状態

- 全部は終わらない
- 時間が足りない
- できない自分にダメ出し
- 心に余裕が持てない

　そうではなくて、重要なことや大事なことができていれば、あとはだいたいうまくいく!　というOK主義の考え方を意識してみましょう。

OK主義マインド　…大事なことができればOKと捉え、楽に進める状態

- 大事なことだけやる!
- 時間を上手に使う
- できた自分をホメる
- 穏やかな心を維持する

　思考の整理ができない根本原因には、完璧主義があります。そこから抜け出すことで、もっとシンプルでラクに行動できるようになるのです。

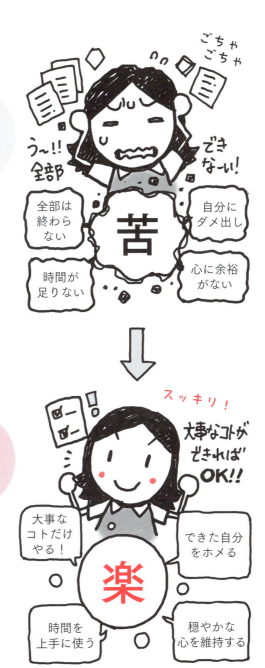

> コラム

付せんを使うと情報整理の楽しさ＆効率UP！

　ここまで読み進めて「情報整理をもっとラクに進める方法とか、おすすめツールはないの？」と思ったあなた。
　もちろん、あります！
　それは「付せん」です。文具屋さんや100均ショップでも手に入るあの付せんなら、書き出した情報を貼り替えたり、移動させたりがラクにできます。付せんはいつでも好きに動かせるので、情報の分類作業やグルーピングの構造化がとてもスムーズに進みます。
　自由に貼り替えていく中で、お互いにつながる要素が見えてきたり、新しいひらめきが浮かんだりすることもあります。
　手軽に使えるので、あなたも是非お試しくださいね。

※付せんの使い方は、第5章で紹介する「ブレスト法」でも解説します。

❶付せんを使うと
❷考えやアイデアをどんどん書き出しても
❸分類や構造化が自由にできるので
❹すっごく便利

第3章

▶▶▶

［説明・伝達］

何度言っても「伝わらない…」が
一瞬で「伝わる！」に変わる図解思考

「伝わらない」を一瞬で「伝わる！」に変える図解力

「何で、私の話がわからないのかしら？」
「何度言っても、あの人に伝わらないのはどうして？」

　こうした、「思うように伝わらない……」というコミュニケーションの問題は、職場でも日常でもよく見かけます。

　しかし、そもそも、**あなたが伝えたい情報は、あなたの頭の中できちんと整理（構造化）されているのでしょうか？**
　情報が整理（構造化）されていないと、話が散らかってしまって、結局何を言いたいのかわからない、そんなことになりかねません。

情報は図解で整理すると、伝わりやすくなる

　一方で、思考の整理と構造化をシンプルにできるのが、**情報を視覚的に「図解化」**することです。
　あなたの頭の中の情報が図解化されて、目で見ることができると、相手にとっても**全体と部分の関係が直感的に理解**できます。

　伝わるコミュニケーションのポイントは、
ステップ❶思考の整理（構造化）→ ステップ❷相手に伝える
の、2ステップで考えるとカンタンです。
　頭の中の情報をあらかじめ図解化で整理し、構造化しておくことで、相手にもわかりやすく伝えることができるようになるのです。

第3章【説明・伝達】

7つの神器で
すべての情報は視覚化できる！

「でも、頭の中を図解化するなんて、無理じゃないですか？」
「それができたら、最初から苦労してないんだけど……」

　こんな声が聞こえてきそうですね。気持ちはわかります。
　特に図解ビギナーの方には、何をどういう順番で書き出したら、頭の中の情報が図解化できるの？　と、迷うところかもしれません。
　でも、どうぞ安心してください。

　本章では、あなたの伝えたい情報やメッセージを一発で図解化できるようになる**7つの神器（図解フレームワーク）**を紹介します。
　きっとあなたが伝えたいケースにピッタリの、図解フレームワークが見つかりますよ！

　私たちは普段、会話や言葉でコミュニケーションをしていますが、相手の話を聴きながら、同時に頭の中で、その内容を脳内映像にして思い浮かべて、文字通りその情報を脳内で「見て」います。
　頭の中で映像化されるイメージは、以下の5W2Hに集約することができますが、これは私たちの脳の情報処理システムが、この7つで現実を認識して理解しているということなのです。

❶Who（誰が？）　　　　　　❷What（何を？）
❸How many（どれくらい？）　❹Where（どこで？）
❺When（いつまでに？）　　　❻How to（どうやって？）
❼Why（何のために？）

言い換えるなら、これらの５Ｗ２Ｈの情報をあらかじめ図解化で「見える化」しておくことができれば、あなたの伝えたい情報を視覚的なイメージで相手にもわかりやすく共有することができます。
　７つの神器とは、５Ｗ２Ｈに対応させた、情報をビジュアル化するための「型」のことで、以下のように決まっています。

❶Who（誰が？）	人
❷What（何を？）	モノ・結果
❸How many（どれくらい？）	量・数
❹Where（どこで？）	場所・ポジション
❺When（いつまでに？）	時間の流れ
❻How to（どうやって？）	方法・メカニズム
❼Why（何のために？）	理由・目的

次ページ以降、これらを簡単な事例とともに解説していきましょう。

情報の視覚化は５Ｗ２Ｈがポイント

CASE❶ 社内資料を作る

　フィットネスジムを経営する会社で、新しい企画を提案することに。
　現在の顧客層のメインはシニア層が多いが、高齢化で先細りが見えていることもあり、今後は30〜40代の世代を取り込みたい。時代の流れとしては、ガッツリジムから手軽なコンビニジムへという傾向もある。
　そこで、新しいサービスの切り口を3つのポイントで考えてみた。
　すなわち、①利便性 ②時間効率性 ③安全性 の3つである。
　この3つを兼ね備えることで、30〜40代世代の新しい顧客層に訴求できる企画になりそうだ。これを図解化すると、以下のようになった。

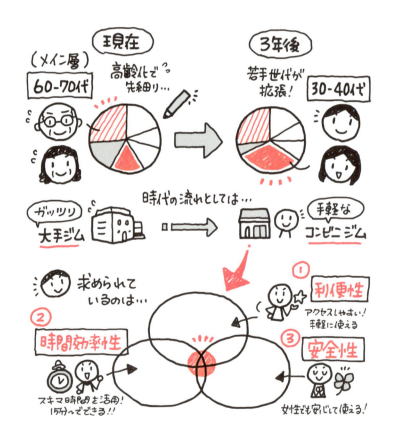

CASE ❷ お客様の悩みに合わせて、商品コンセプトを考える

　引き続き、フィットネスジムを経営する会社で、タイパを重視する30〜40代の世代を取り込むための施策を考えてみる。現会員のうち300人を対象としたユーザーインタビューでは、30〜40代は**健康への関心はあるが、仕事や家庭が忙しくて継続率が低い。**

　30〜40代の継続率を高める施策を検討した結果、個別カウンセリング＋コミュニティを提供することで解決できそうなことがわかった。

　顧客との接触頻度を増やすことで、サービスのアップセル（売上向上）の提案もしやすくなる。これを図解化すると、以下のようになった。

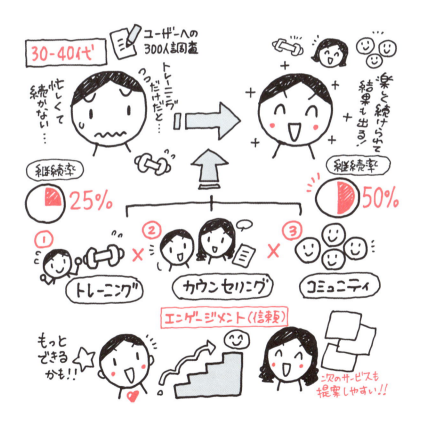

CASE ❸ 全体像を示して仕事を委任する

　同じくフィットネスジムを運営する会社で、今度は顧客獲得のためのキャンペーンプロジェクトを進めることになった。

　部署でのチーム会議の際に、6カ月間のプロジェクトの全体像を共有して、役割分担と進行スケジュールを伝えたい。また、各担当者に個別のタスクを指示するだけではなく、6人のチームメンバーがどのように連携して進めていくのか（誰が、何を、いつまでに、どのように）も共有したい。

　チームとしては、リーダー、プロジェクトマネージャー、マーケティング、デザイン、セールス、事務局の計6人。作業の大きなタスクとしては、企画とコンセプト、スケジュール作成、施設リニューアル、プロモーション、販売、顧客サポート、フィードバックなど（以下）。

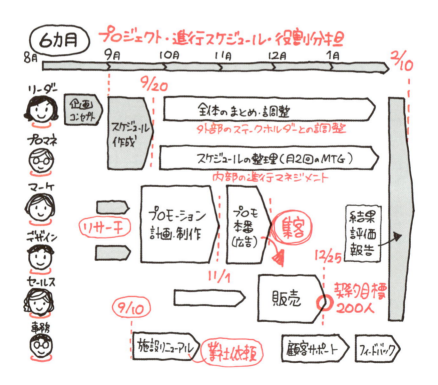

❶【Who】
「人」をアイコン化する

　ここからは、7つの神器（図解フレームワーク）を順に紹介します。
　最初の神器は、《Who》（誰が？）という「人物」の図解化です。
　あなたの伝えたい情報やメッセージの中では、**どんな「人」が登場人物として出てきますか？**　自分やお客さまはもちろん、スタッフやチームメンバーなどを書き出しておくと、視覚化するときに便利です。

　この「人」のアイコンも、もちろん線と形のシンプルな組み合わせで、色々なキャラクターのパターンを描くことができます。
　右ページの図を参考にして、まずは顔の基本形を描いてみましょう。
　基本形が描けたら、さらに、髪の毛、耳、服装などのデコレーションを付けるだけで、あら不思議。魅力的な人物アイコンの出来上がり！
　さらには、メガネ、服装、帽子などその人物の特徴を付け加えることで、「男性」「女性」「インテリ」「ショートヘア」など様々なキャラクターをアイコン化することができます。

　右ページの図の中で、パーツの組み合わせのパターンを紹介していますので、ぜひあなたが図解化したい情報に登場する人物や、自分自身のマイキャラを描いてみましょう。
　普段使いの簡単な図解化なら、15秒くらいで描ける程度のシンプルさが便利です。ぜひあなたが使いやすい、何人かの人物アイコンを繰り返し練習し、図解スキルとしてマスターしておきましょう。

Q 「人物」をアイコン化する質問
・あなたの伝えたい情報では、登場人物として誰が出てきますか？

❶ WHO 誰が？

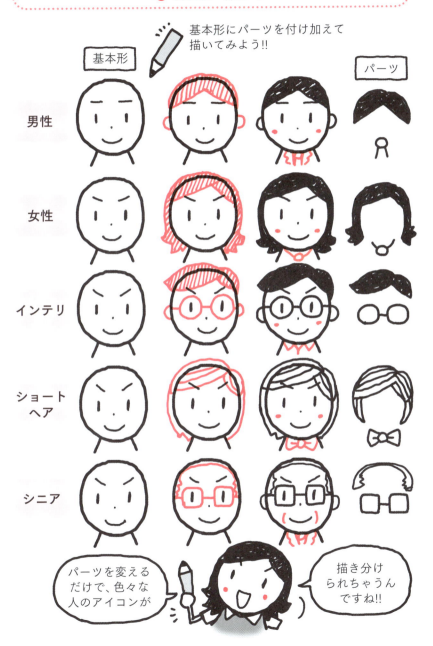

第3章【説明・伝達】

人物アイコンに表情をつけてみよう

　次は応用編です。描き出したキャラクターに「表情（感情）」をつけてみましょう。人物の感情を表現することで、**そのキャラクターの状況や今の気持ちを、わかりやすく図解化して共有することができます。**

　感情表現のパターンは、顔のパーツ（眉・目・口）を描き分けることで簡単に表現することができます。

　ここでは、使い勝手がいい代表的な感情表現を、ポジティブとネガティブに分けて4つずつ、計8つマスターします。

・ポジティブな感情（うれしい・楽しい・照れる・驚く）

　❶ うれしい　　目をニッコリと山形に　口をU字の曲線にする
　❷ 楽しい　　　目の形を鳥の足跡のような三又に　口を半円にする
　❸ 照れる　　　眉毛はネガティブ　目はポジティブの組み合わせ
　❹ 驚く　　　　目を白目にする　口は縦長の丸にして大きく開ける

・ネガティブな感情（悩む・困る・悲しい・怒る）

　❺ 悩む　　　　眉毛をUの字　目は横長で口を波線にする
　❻ 困る　　　　目を丸で白目に　口を横長にする
　❼ 悲しい　　　眉毛を「八」の字に　目をつむって涙　口は波線を上下に
　❽ 怒る　　　　眉毛と目の両端を釣り上げる　口はへの字口

　右ページのお手本を参考にしながら、顔のパーツを少しずつ描き分けてみましょう。**喜怒哀楽のそれぞれに、バリエーション豊かな感情を図解化して表現する**ことができます。

　また、自分の使いやすいキャラクターへとデコレーションしたら、是非ひと言セリフを言わせてみてください。**セリフを入れることで、キャラクターの感情を「言語化」する**こともできるのです。

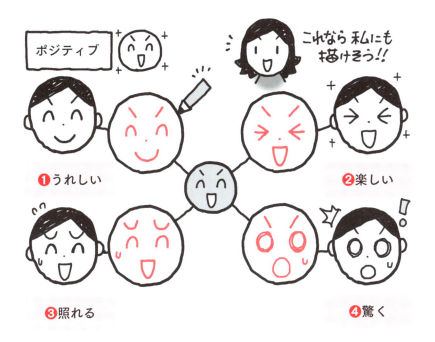

感情を「図解化」すると脳にスイッチが入る！

「感情」を図解化することで、単にキャラクターの情報を記号的に視覚化するだけでなく、その人物の **「感情」にも共感できる** ようになります。

相手に思いを寄せる感情移入の回路に、カチッとスイッチが入ることで、「困っているお客さまを助けたい！」という思いや、「相手がこんな笑顔になってくれたらすごくうれしい！」というような、**感情のエネルギーを自分の中から引き出せる** ようになるのです。

また感情を図解化して伝えることで、それを見た相手の感情にも働きかけて共感を引き出し、お互いのイメージを共有しやすくなります。

感情を図解化するパワーは、会議やミーティングなどの場面でも効果的です。感情を描きながら対話することで、**場が一瞬で和んで本音が出やすい雰囲気が生まれ、共感を引き出す** ことにもつながります。

❷【What】
「モノ」をアイコン化する

2番めは、《What》（何を？）という「モノ」の図解化です。

あなたが整理したい情報では、どんな「モノ」や「コト」が登場するでしょうか？　それらをシンプルな図解でアイコン化してみましょう。

これも基本の「き」で学んだ線と形の組み合わせで、いろんな「モノ」の「型」を理解することで、スラスラ描き出すことができます。

様々なモノのアイコンを図解で自由に描けるようになると、それらを組み合わせることで、**頭に浮かぶイメージやビジョンを映像化できる**ようになります。図解スキルのイラストボキャブラリーを増やすためには、次ページの**3つのステージ**を意識するとわかりやすいでしょう。

第3章【説明・伝達】

❷ What　何を？

線と形を組み合わせるだけで、
色々なモノを描けるようになる!!

すべては、組み合わせで描けちゃうのね!!

☑ ステージ❶ 初級レベル：見て描ける！

まずクリアしたいのは**「見たものを描ける」**という初級レベルです。この段階では、お手本を真似しながら、見たものを描いていきましょう。
※112ページ〜の「イラスト図解アイコン集」も参考にしてください。

お手本をしっかり**「観察」**することで、どんな線と形を組み合わせるとそのイラストになるのか？　という**「型」が読み解ける**ようになり、そのイラストの組み立てを**自分でも描けるようになります。**

さらに同じイラストを真似しながら3回以上描くと、記憶の引き出しにそのイラストの「型」（パターン）が定着して、自分のスキルになり、今度は「見ないで描ける！」レベルになっていきます。

☑ ステージ❷ 中級レベル：見ないで描ける！

中級レベルは**「見ないで描ける！」**段階です。これは自分の記憶の引き出しから描きたいイラストを取り出して、好きなときに描けるというレベル。❶の「見て描ける！」練習を繰り返すことで、**「見ないで描ける！」イラストボキャブラリーを増やすことができます。**この種類を増やしていくと、今度は自分の描けるイラストを自由に組み合わせて、新しいイメージやビジョンをクリエイティブに描けるようになります。

☑ ステージ❸ 上級レベル：イメージを自由に描ける！

最終段階は**「イメージを自由に描ける！」**です。❷の「見ないで描ける！」イラストが蓄積されていくことで、それらを組み合わせて、**新しいイメージやアイデアを自由に描ける上級レベル**になります。

ここまで来ると、言葉で話すのと同じように、イラストや図解を使って思考をスラスラ描けたり、ビジョンを図解化できるようになります。

あなたの伝えたい情報には、どんなイラストが活用できそうですか？

いかがでしたでしょうか？

　「人」や「モノ」を図解化するスキルの基本は、**線と形の組み合わせで描けるイラストの「型」を1つずつ、習得していくこと**です。

　「型」をマスターするときのコツは、繰り返し描いて、楽しみながら覚えていくこと。書いて覚えるというのは、漢字の練習や英単語の練習と同じ原理ですが、もっとカンタンに使いこなすことができます。

　「人」や「モノ」を手軽に描いて視覚化することができれば、あなたの思考を整理したり、伝えたい情報を相手に共有するときの便利な道具として、一生涯にわたって素晴らしい役に立ってくれます。

Q 「モノ・コト」をアイコン化する質問
・あなたの伝えたい情報では、どんなモノやコトが出てきますか？

❸【How many】
「量や数字」を図解化する

　3番めは《How many ?》(どれくらい?) という「量」や「数字」の図解化です。
　多い・少ない、全体での割合や変化など、「量」や「数字」の情報を図解化でスッキリと視覚化するには、一体どうすればいいのでしょうか？
そういうときは、**グラフ**を使うと便利です。

　量や数字を伝えるときに、大まかな概念的な形でもいいので、円グラフや棒グラフが入っていると、「一体どれくらいの量なのか？」「それは、どれくらいの割合なのか？」が、**ビジュアルで直感的に伝わります。**
　仕事などですぐに使える主なグラフ図解には、以下の4つがあります。

① **円グラフ**
　全体を100％としたときの、各要素が占める割合を図解化するグラフ。**24時間の使い方や、分布図など**に向く
② **横棒グラフ**
　複数の横棒を用いることで量の変化が比較でき、それぞれの**要素の割合や、変化を可視化する**ことに向く
③ **縦棒グラフ**
　経年比較、組織比較など、**量的な変化を可視化する**のに向く
④ **折れ線グラフ**
　それぞれの数値をつなぐことで、**変化の「波」を強調したいとき**に向く

Q 「量や数字」を図解化する質問
・あなたの伝えたい情報は、どんな量・数字を図解化するとよいですか？

> **How many** どれくらい？

まずは、量や数字を可視化するための図解化スキルの紹介じゃ!!

① 円グラフ

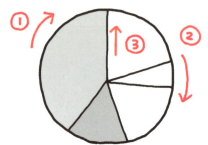

100％の中での割合を図解化できる

例 時間の使い方をまとめてみた！

見える化するとわかる！かけた時間の割に、成果が低い…

② 横棒グラフ

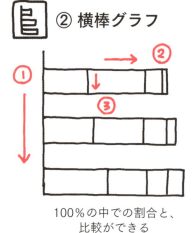

100％の中での割合と、比較ができる

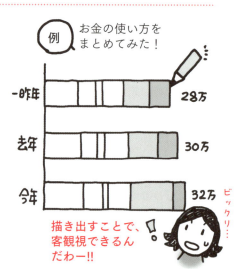

例 お金の使い方をまとめてみた！

-昨年 28万
去年 30万
今年 32万

ビックリ…

描き出すことで、客観視できるんだわー!!

> How many　どれくらい？

次に、量×時間の2軸で作る
グラフ図解を紹介するぞい！
変化を比較したいときにもってこいじゃ!!

 ③ 縦棒グラフ

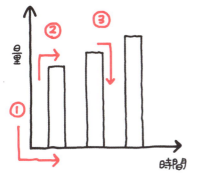

量的な変化を可視化できる

例　体重の変化を
　　まとめてみた！

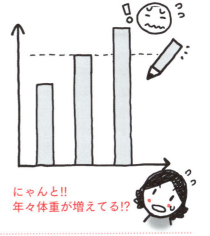

にゃんと!!
年々体重が増えてる!?

 ④ 折れ線グラフ

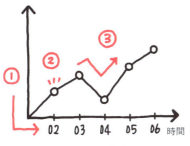

変化の波を可視化できる

例　筋トレの結果を
　　グラフ化してみた！

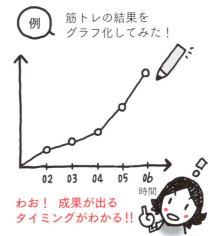

わお！ 成果が出る
タイミングがわかる!!

第3章【説明・伝達】

❹【Where】「場所・ポジション・位置関係」を図解化する

4番めは、《Where》(どこで？) を表現する、「場所」「ポジション」「位置関係」の図解化です。

これは、あなたが伝えたい情報の中での、**要素同士の関係性や位置関係を立体的に整理して**、シンプルにわかりやすく共有できる、とても便利な図解化スキルです。

① 相関図
2つの丸を描いて重ね合わせる図解。**2つの要素の共通部分を伝えたり、要素同士の関係性を説明**するのに有効。

② ベン図
3つの丸を描いて重ね合わせる図解。**3つの要素の共通部分を伝えたり、3つの要素を統合したコンセプトを説明**するのに有効。

③ ピラミッド
情報を**階層構造で整理**できる、ポピュラーな図解。**土台から積み上げていくような構造**や、反対に**上から下へのトップダウン構造**にも使える。

④ マトリクス
縦軸と横軸の2軸を使って、**4つのマトリクスにおけるポジション**を明確にできる図解。緊急度と重要度、ニーズとウォンツなどがある。

Where どこで？

今度は、要素同士の位置関係や組み合わせを表す図解化スキルじゃ！

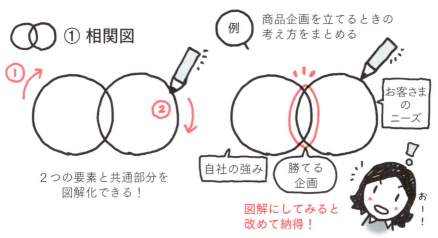

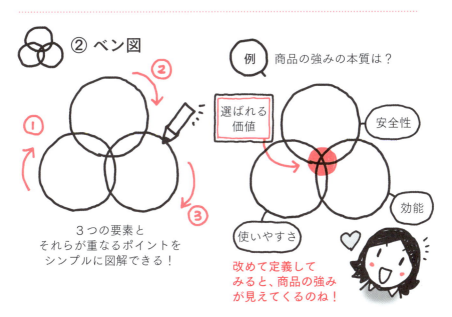

Where どこで？

さらに、要素を階層構造としてまとめたり、4つの象限で整理することで、位置関係やポジションが明確になるぞい！

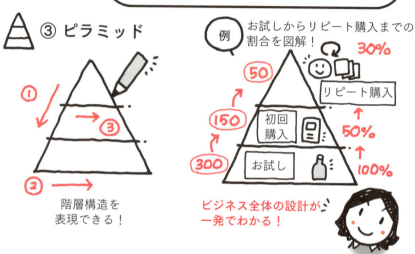

③ ピラミッド

階層構造を表現できる！

例：お試しからリピート購入までの割合を図解！

ビジネス全体の設計が一発でわかる！

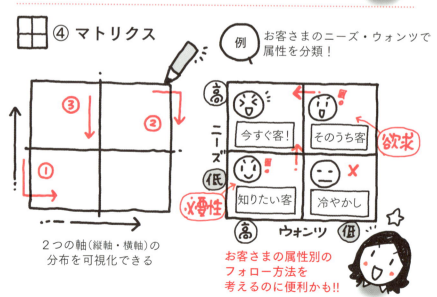

④ マトリクス

2つの軸（縦軸・横軸）の分布を可視化できる

例：お客さまのニーズ・ウォンツで属性を分類！

お客さまの属性別のフォロー方法を考えるのに便利かも!!

いかがでしょうか？

あなたが伝えたい情報を整理するのに、どの図解を使うとよいのかが、いくつもの図解フレームの「型」を見ていくうちにピピッと浮かんでくるかもしれません。

それではさらに、**Where（どこで？）を表現する「場所」「ポジション」「位置関係」の図解の中で、平面的に情報を構造化するのに向いている図解フレーム**をご紹介します。

⑤ マインドマップ

世界的にポピュラーな思考ツールです。**情報を空間的に整理・構造化**したいときに便利です。１枚に全体像とそれぞれの情報を、ツリー状に構造化してまとめます。

※「マインドマップ」については、第５章でも詳しく解説します。

⑥ 地図

実はよく見慣れた「地図」も、**現在地・目的地・ルート**を明らかにしてくれる、便利な図解フレームの１つです。

⑦ サークル

１つの円を描いて、**中心から放射状に要素をまとめた図解**です。**全体像を１枚で俯瞰**できる、汎用性が高く、使いやすい図解フレームです。

⑧ ステップ

その名の通り階段状のステップになっている図解です。**段階的に変化していく要素やポジション**を整理するときに便利です。

Q 「場所やポジション、位置関係」を図解化する質問

・あなたの伝えたい情報では、どの図解を使って場所・ポジション・位置関係を説明するとよいですか？

Where どこで？

次は、複数の階層構造を1枚のマップ（平面図）にまとめる図解化じゃ！

⑤ マインドマップ

例：企画のブレストでアイデアを整理してみた!!

1つのテーマから派生的に階層構造で情報を整理できる

全体像がまとめやすい！

---

⑥ 地図

例：イベント会場への案内図を地図でまとめる！

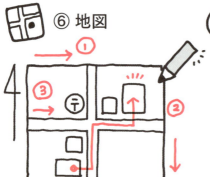

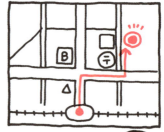

平面に地図を描くと、現在地、ゴール、行き方を視覚的に表現できる

・○○駅から徒歩8分！

行き方が一発で伝わるわ！

Where どこで？

さて、今度は情報を放射状にまとめるサークルの図解と、段階的なステップとして可視化する図解じゃ!!

⑦ サークル

1つのテーマに関連する要素を放射状に一枚でまとめることができる

例 新しい商品の5つのメリットをサークルで図解化してみた！

① 手軽！
② 飲みやすい
③ リーズナブル！
④ リバウンドない
⑤ 効果高い!!

全体像が一覧で示せてわかりやすい！

⑧ ステップ

段階的なプロセスを、位置の変化として可視化できる

例 90日のステップ(トレーニング)を図解してみた！

30日 60日 90日

イラストと組み合わせると、わかりやすい！

❺【When】「時間の流れや順番」を図解化する

　5番めは、《When》（いつまでに？）を表現する、**「時間の流れ」**や**「順番」**の図解化です。

　時間の流れや経過を表現するときには、**左から右（横軸）や、上から下（縦軸）を取ることが一般的**です。時間軸の経過に沿って、説明したい情報や要素を加えます。

① フロー図

左から右に流れる時間軸の中で、やるべき工程などをわかりやすく整理する図。進行表・工程表・スケジュールなどで使われる。

② ガントチャート

担当者や役割ごとに、時間軸の中で何をすべきかを明確にする。役割ごとの工程表や作業スケジュールの整理に向いている。

③ サイクル

複数の要素を矢印でつないでサイクル化することで、「循環する」時間の流れを表す図解化。PDCAサイクルが代表的。

④ ライフチャート

基準値からの＋や－の変化のアップやダウンを、横軸のタイムライン上での曲線を使いながら、可視化できる図解フレーム。

Q 「時間の流れや順番」を図解化する質問

・あなたの伝えたい情報では、「時間の流れや順番」をどのように図解化するとよいですか？

> **When　いつまでに？**

時間の流れに沿って、手順やプロセスを可視化するための図解化スキルじゃ！

① フロー図

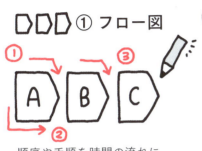

順序や手順を時間の流れに沿って見える化できる

例：45日で効果の出るプロセスの図解

この順番でやると結果が出るのね！

② ガントチャート

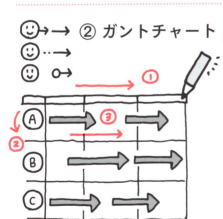

〈誰が？ いつまでに？ 何を？〉を1枚の図にまとめられるので、役割分担や進行表などで活用される

例：3カ月企画の役割分担と進行表

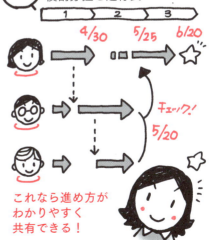

これなら進め方がわかりやすく共有できる！

第3章【説明・伝達】

> **When　いつまでに？**

今度は、時間の流れが、循環するサイクルの図解化と、⊕⊖で上下する時間的な変化の図解化じゃ!!

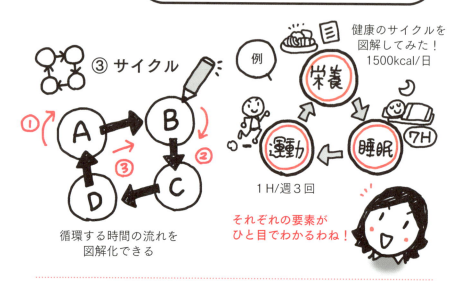

③ サイクル

循環する時間の流れを図解化できる

例　健康のサイクルを図解してみた！　1500kcal/日

それぞれの要素がひと目でわかるわね！

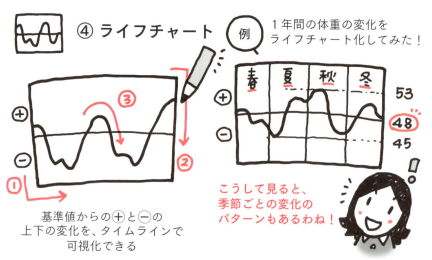

④ ライフチャート

基準値からの⊕と⊖の上下の変化を、タイムラインで可視化できる

例　1年間の体重の変化をライフチャート化してみた！

こうして見ると、季節ごとの変化のパターンもあるわね！

❻【How to】
「方法やメカニズム」を図解化する

6番めは、《How to》（どうやって？）に答える**「方法」や「メカニズム」**の図解化です。

これは「どんな方法で取り組むのか？」「どんな仕組みで動かすのか？」を表現しており、**作業工程のプロセスを可視化するマップ**です。

この方法では、メカニズムを描いて整理する段階で、自分の中の曖昧な思考やぼんやりとした部分が、**具体化されてクリアになる**ので、相手に依頼事項を伝える際にも、明確な内容で伝えられるようになります。

① プロセスマップ

仕事を進めるための手順や方法を具体化して、作業工程を明確にするときに便利な図解です。入り口から出口までの流れを図解化できるので、ビジネスモデルをデザインしたり、集客導線の設計をしたりする際にも役立ちます。次の手順で図解してみましょう。

1) **要素を書き出す**　（作業のステップや要素を書き出す）
2) **箱で区切る**　　　（四角や丸形などの箱で要素を囲む）
3) **矢印でつなぐ**　　（太矢印・白抜きなど、矢印を使い分ける）
4) **構造化する**　　　（全体の作業の流れを立体的に構成する）

Q 「方法やメカニズム」を図解化する質問

・あなたの伝えたい情報では、どんな「方法」や「メカニズム」を図解化するとよいですか？

How to　どうやって？　①箱と矢印を活用する

まずは、方法・メカニズムを図解するステップ２）と３）の活用法じゃ！

2）箱で区切る

要素を線で囲む！

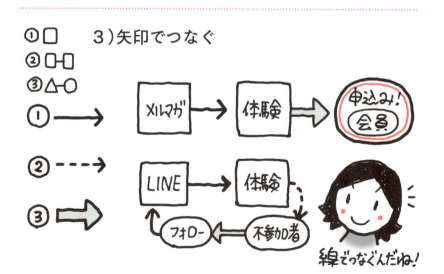

3）矢印でつなぐ

線でつなぐんだね！

> **How to　どうやって？** ②全体を構造化する

続いて、ステップ４）構造化するための
フレームワークを紹介するぞい!!

４）構造化する（プロセスマップ）

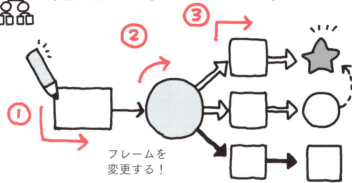

フレームを
変更する！

例　新企画のプロモーション販売計画!!

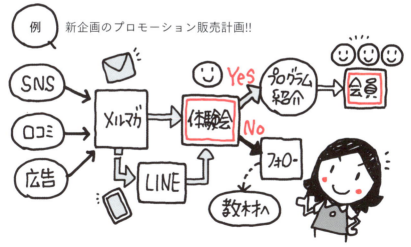

集客導線の設計も図解で
ラクラクできるようになるわ!!

❼【Why】
「何のために？」を図解化する

　ラストの7番めはWhy（何のために？）という「理由」や「目的」を伝えるストーリー図解です。

　あなたが企画やプロジェクトに取り組む際、「そもそも何のために？」「それをする必要があるのか？」を伝えるためには、シンプルなBefore → Afterのストーリーで整理することで、**その間を埋めるActionの必要性**を明確に伝えることができます。

　　　① 悩みや課題（Before）　→　　②理想の状態（After）
　　　　　　　　　　　　　　　　↑
　　　　　　　　　　　③解決策の提案（Action）

　悩みや課題（Before）には、人物の表情やセリフを入れることで、現在の困った状況やネガティブな気持ちを描写することができますし、さらにデータや数字を図解化することで、課題の具体性を表現できます。
　同じく理想の状態（After）では、その悩みが解決した先の得たい結果を、人物の表情やセリフ、さらにはデータや数字で図解化します。
　Before→Afterのギャップが明確であればそれだけ、解決策のActionを起こす必要性「何のために？」が、明確に相手に伝わります。
　ここまで学んだ5W2Hの図解化フレームをBefore→Afterで活用することで、より立体的な変化のストーリーを描写することができます。

Q 「何のために」を図解化する質問
・あなたの伝えたい情報では、どんなBefore → Afterのストーリーを図解化するとよいですか？

> **Why　何のために？**

最後は「何のために？」という目的や理由を伝える図解スキルじゃ！
課題→解決策→理想のゴールを伝えることで、取り組む理由が明確になるぞい！

Before→After

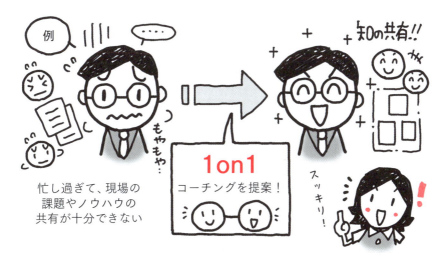

さて、ここまでお読みいただいていかがでしょうか？

5W2Hの図解フレームワークの「型」を活用することで、伝えたい情報を、あらかじめ**図解化して整理**しておくことができれば、相手にとっても圧倒的にわかりやすい、「伝わるコミュニケーション」になります。

何より、自分の頭の中の情報がスッキリと整理されてシンプルに構造化できるので、自分の考えをスムーズに話したり、いつでもすぐに行動できるようになるのです。

ぜひあなたにピッタリの図解化フレームワークの「型」を見つけて、普段の仕事や生活の中で使い倒してみてください。

頭の中の情報整理はもちろん、それを相手にわかりやすく伝えるときにも、**5W2Hの図解化スキル**はパワフルな道具として活躍してくれますよ。

図解化スキルを活用して
５W２Hを見える化できると…

思考も感情も
散らかったまま

思考も感情も
スッキリ整理!!

自分がわからない…

自分とつながる！

相手にも伝わらない

相手とつながる!!

第３章【説明・伝達】

第4章

▶▶▶

[問題解決]

どんな難問もクリエイティブに
解決する図解思考

頭がモヤモヤしたら…
この図解で一発解決！

「この案件どう対応する！？　締め切りも近いし……」
「来週のプレゼンの準備、全然できてない！
　焦るばかりで、何も手につかないよ……（涙）」

　毎日の忙しい仕事の場面で、モヤモヤした焦りや不安を感じることってありますよね。「早くやらなければ」と頭では思うけれど、なかなか手が付かず進まない……。
　実は、そんなときこそ「図解スキル」を使うことで、**問題の全体像と解決策がスッキリと見つかり、ムダに悩む必要がなくなります**。

140

どんな問題でも解決策が見つかる！魔法の４マスチャート

《問題解決》の一番のポイントは、今抱えている問題を一度自分から切り離して、外から**「客観的」に眺める視点を持つこと**です。

今の自分が抱えている問題に対して、当事者としてドップリ埋没してしまうと、考えがぐるぐると堂々巡りしたり、モヤモヤした不安にとらわれて、なかなかネガティブな迷路から抜け出ることができません。
けれども、いったん問題の枠の外に視点をシフトさせて、その問題を**外から《客観的》に眺めて、冷静に考えることができれば、適切な解決策は必ず見つかります。**

そのときに活躍するのが、問題解決型の図解化フレームワーク、**「魔法の４マスチャート」**です。
使い方は超カンタン。最短15分もあれば、今のあなたのモヤモヤを解決するためのアイデアや行動計画を、サラッと手に入れることができるようになります。

４マスチャートは、文字通り４つのマス（枠）で構成されています。マトリクスの図解フレームの応用版ですが、書き出す順番にポイントがあります。

１つめのマス（左下）Before	現在の悩みや課題を書く
２つめのマス（右上）After	解決した理想の未来を書く
３つめのマス（右下）Why / Mind	何のために、どんな考え方を大切にしたいのかを書く
４つめのマス（左上）Action	そのための行動計画を書く

4マスチャートの図解フレームは、下図のようになります。
　横長の長方形を、縦線と横線で4つに分割したシンプルな4つのマスで構成します。

　それでは試しに、4マスチャートの図解フレームを一緒に描いてみましょう。まずはペンと紙を用意して、横長の長方形を大まかに引いたら、縦線と横線でざっくりと4分割にします。
　さらに、4つのマスの❶左下にはBefore、❷右上には After、❸右下にはWhy / Mind、❹左上にはAction、と書き入れて準備完了です。

※4マスチャートは、自分の手書きでサラッと書くだけでも十分使えます。
　また、279ページの特典②で、図解ワークシートをＰＤＦデータでもプレゼントしていますので、必要に応じてダウンロードしてお使いください。

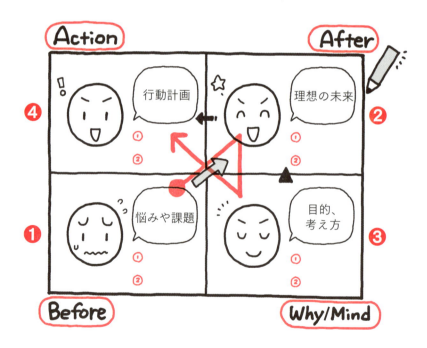

イメージ×感情×言葉の３つを組み合わせてアウトプット

　この４マスチャートの特徴は、今の自分のモヤモヤした「感情」と、置かれている「状況」を、同時に書き出して整理できることにあります。
　自分が抱えている問題について、**エモーショナル（感情的）な側面と、ロジカル（具体的）な側面を、同時に「見える化」することで、感情的にも状況的にも、問題から一歩引いた視点から《俯瞰》して考えることができる**のです。
　チャートを描き出すステップでは、以下のように、３つの順番を意識することで、問題解決を効果的に進めていくことができます。

❶ 図解で「イメージ」を見える化する
❷「感情」をセリフで書き出す
❸ ポイントを「言語化」する

　❶最初に「イメージ」を見える化するのは、自分の中で状況をビジュアルに映像化できたほうが、感情や状況を書き出しやすいからです。
　❷「感情」をセリフにして書き出すことで、感情面での余裕（スペース）が生まれ、状況を冷静に客観視できる視点を持つことができます。
　❸その視点を持つことで、何が問題の本質なのか？についての「言語化」もスムーズに進み、課題を明確に特定することができます。

第４章【問題解決】

❶Before（左下）：
今の「悩み・課題」を書き出す

　最初は、左下の**Before**のマスです。
　ここでは、**今の悩みや課題**を書き出して、整理してみましょう。
　まずは左下のマスの中にある、悩んだ表情のキャラアイコンに合わせて、自分自身の悩んでいるイメージイラストを描いてみます。
　次に、あなたのキャラがしゃべっている吹き出しの中に、あなたの今の悩みや課題についての思いをセリフとして言わせてみましょう。
　吹き出しの中のセリフは、「**感情の言葉**」×「**状況の描写**」の、2つの要素を入れて書き出すのがコツです。
　感情の言葉とは、「やだなー、もう最悪」といったような、キャラの**気持ちをそのまま表現する言葉**です。
　状況の描写とは、「〇〇が△△になる」というような、状況をわかりやすく説明する、**主語と述語で書かれたロジカルな言葉**のことです。

感情の言葉　　例：やだなー・もう最悪・これからどうすればいいの？
状況の描写　　例：広告予算が、今月末で3割減ることになるなんて！

　そうすることで、今のあなたが悩みや課題を感じている「状況」と、そのときの「感情」とを、同時に立体的に整理しやすくなります。
　吹き出しのセリフが書き出せたら、最後に、今の悩みや課題を2つのポイントに絞って「言語化」してみましょう。
　今のあなたは、一体何に悩みや課題を感じているのでしょうか？
　今のあなたのモヤモヤした「悩み・課題」が、**イメージ・感情・言葉の3つを使って、客観的に描写**できました。
　また紙に描き出し、**現在のネガティブ（Before）を明確化**したことで、**未来のポジティブ（After）を描く準備が整った**ことになります。

Before　今の悩み・課題は？

イメージ

感情

言葉

❷After(右上)：
理想のゴール(得たい結果)を設定

　次は右上のAfterのマスに進みましょう。
　Afterではあなたの**理想のゴール(得たい結果)**を明確化していきます。
　ここでも進め方の順番は、図解イラストを描いて❶「イメージ」を明確にする　❷「感情」をセリフで書き出す　❸ポイントを「言語化」する、の３つの順番で進めます。

　先ほど左下に描き出したBeforeの「悩み・課題」が、**今度は100％解決した「理想のゴール」に変化したとしたら、あなたはどんな状態で、どんな気持ちを味わっているでしょうか？**
　右上のHAPPYな表情のキャラアイコンに合わせて、自分のキャラへとデコレーションしたら、「理想のゴール」のイメージを具体的に思い浮かべてみましょう。
　次に、100％ HAPPYな理想の状態を、キャラにセリフで言わせてみましょう。ここでも**「感情の言葉」×「状況の描写」**の掛け算で、セリフを書き出していきます。あなたが理想のゴールが実現したときの、ワクワクする感情と最高の状況を、具体的に書き出すことがポイントです。

　実際にセリフを書き出しながら、「確かに、こうなったら最高だな〜！」とHAPPYな未来へのスイッチがONになる方もいるかもしれません。
　イメージと感情であなたの理想のゴールを明確に味わいながら、最後は２つのポイントで得たい結果を「言語化」してみましょう。

　あなたは最終的にどんな結果が手に入ると、「理想のゴール」が達成したといえますか？　これを書き出すことで、**「最終的に何を望んでいるのか？」**というあなたの未来の焦点が、バチッと定まるのです。

> **After　理想のゴールは？**

イメージ

感情

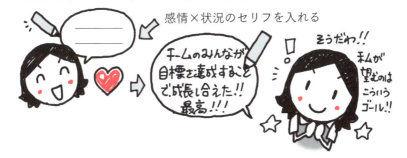

言葉

❸Why / Mind（右下）: 何のために？/ 大切な考え方は？

　続いて、右下の3番めのマスに進みましょう。
　このWhy／Mindのコマで求められるのは「何のために？」「どんな考え方を大切にする？」という質問です。

　先ほど右上のAfterで書き出した「理想のゴール」や得たい結果は、結局は「何のために？」あなたが望むのでしょうか？
　あなたの中にある《理由や目的》、《内面的な動機》について問いかけながら、まずは穏やかな表情のあなたのキャライラストをアイコンで描き出していきましょう。
　続いて「何のために？」についての答えをセリフで書き出します。
　あなたがその結果を得たいのは、その先にどんな喜びや豊かさにつながるからでしょうか？　あなたがそれを実現したいのは、自分や周りの人たちのどんな幸せや未来につながるからでしょうか？
　その思いのエネルギーが強ければ強いほど、あなたはより大きなエネルギーと行動力を引き出すことができます。あなたの《真の動機》を静かに見つめて、心の中から湧き上がる思いを書き出していきましょう。
　さらに今度は、その理想のゴールに向かうときに、どんな考え方を大切にするといいか？　を自分の中で意識しながら、2つのポイントで書き出して「言語化」してみます。

　もしかしたら、今のあなたが悩みや課題の中にいるのは、この「大切な考え方」や「あり方」を一時的に忘れていたことが原因になっているかもしれません。あなたの「内面の声」が教えてくれる、正しい考え方に従うことで、現在の悩みや課題をスムーズに解決して、理想のゴールへと変化させていく道筋が、自然と見えてくる場合も多いのです。

> Why / Mind　何のために？　どんな考え方を大切に？

イメージ

感情 （何のために？）

言葉 （どんな考え方を大切に？）

❹Action（左上）： 行動のヒントを未来から受け取る

最後に左上の４番めのコマになります。

ここでは具体的な行動計画である**Action**を明確化していきます。

右上に描いた理想のゴールが実現できたとしたら、**まず何から行動したのか？　を、《未来から思い出す発想法》で考えていきましょう。**

達成した未来から逆算するかたちで、Before とAfterの間のギャップを埋めるための**行動（Action）**を考えていくのです。

イメージのイラストを描いたら、ここで書き出すセリフは、Afterで理想のゴールを達成した未来のあなたからの「ヒント」や「メッセージ」を書き出すとよいでしょう。

次に２つのポイントで、具体的なActionを「言語化」してみましょう。

ここでのActionは、何か思い切った大きな行動というより、**ひと口サイズで手軽にできる「小さな行動」を考える**のがポイントです。

・知人にＬＩＮＥでひと言相談してみる

・本屋に行ってみる

・カフェで30分の計画を立てる時間をとる……などです。

努力しなくてもできる「小さな行動」（Baby Step）を書き出すことで、行動できない壁やハードルを越えて、現実を変化させるための最初の行動を起こすことができます。

Q 問題を解決に導くための質問

・ワクワクする「理想のゴール」を実現したとしたら、あなたの最初の一歩は、どんな行動を取ったのでしょう？

Action　行動計画は？

イメージ

感情　（未来からのヒント）

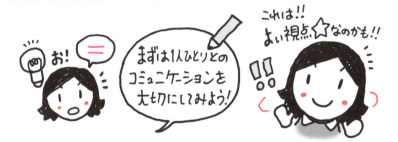

言葉　（ひと口サイズの行動）

感性と知性の掛け算で、ワクワクしながら問題解決!

　ここまで4マスチャートを使って、Before、After、Why/Mind、Actionの、4つのステップを順に進めてきました。いかがでしたか?

　シンプルな4マスチャートを描き出す中で、
⓪ イメージ×感情×言葉の3つを組み合わせながら、
① 今の悩みや課題を整理（Before）して、
② 理想のゴールを明確化（After）しました。さらには、
③ 自分の中の強い目的や理由を意識して（Why/Mind）、
④ 最後に、未来からの逆算型での行動計画（Action）を立てました。

　最後に浮かび上がった==「小さな行動」のアイデアをまずは実行すること==。これによって、頭の中だけでモヤモヤ・グルグルしていた問題が、==現実レベルで解決に向かって動き始めます==。

　4マスチャートを図解化することによって、**右脳のイメージ力と左脳のロジカル力をバランスよく活用した、問題解決の思考法**を、誰でも手軽に実践できるようになるのです。

右脳(感性)：イメージを描き、感情を味わい、物事の全体像を捉える力
左脳(知性)：物事を分析し、順序立ててロジカルに考え、具体化する力

　図解化によって感性と知性のバランスを上手にとりながら、目の前の問題を==「俯瞰」==できるようになる。そしてポジティブな考え方で小さな行動を楽しみながら、自然に問題解決できる力が養われていくのです。

右脳と左脳を使った問題解決の思考法

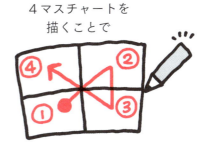

４マスチャートを
描くことで

なるほどねー!!

右脳(イメージ、感情)と
左脳(ロジカル)を
バランスよく活用できるんだわ!!

第4章【問題解決】

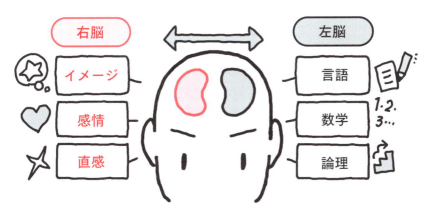

ムフフ…

クリエイティブな解決策は未来から降りてくる

　一般的に私たちが、何か問題を解決しようとするときには、**モヤモヤするBeforeの「悩み・課題」の状態から、それを解決するAction「行動」へと、一気につなげようとします。**

　けれども、**現在の痛みや不安のネガティブなエネルギーから行動しようとしても、なかなか進まない場合が多い**のではないでしょうか。「痛みを避けようとする」**ネガティブな《苦痛系》の動機から行動をスタートしても、問題解決はなかなかうまくいかない**のです。

　一方で、４マスチャートの図解を使うことによって、
❶Afterで、ワクワクする理想のゴールを明確にできる
❷Why / Mindで、「何のために？」を意識しながら、貢献や愛などのポジティブなエネルギーにつながれる
❸Actionで、小さな一歩からラクに行動できる
という、根本的なアプローチの違いが生まれます。
「ワクワクから行動する」**ポジティブな《報酬系》動機から、行動をスタートすることで、問題解決をスムーズに進められる**ようになるのです。

　特に、Why / Mindを書き出すことで、「何のために？」という目的が明確になっていると、その問題解決を「自分ごと」として行動するための、強力なエネルギーを内面から引き出せるようになります。

　目の前の問題を解決することが、**どんな喜びや豊かさにつながるのか？**　それを実現することが、**自分や周りの人たちのどんな幸せな未来につながるのか？**　それを明確にすればするほど、**現在の課題を解決し突破するためのエネルギーを、内面から引き出すことができる**のです。

154

> 問題解決は《報酬系》動機を起点に考える

まずは「小さな行動」を楽しむ

　行動計画のActionが明確になったら、すぐに**「小さな行動」**を起こすことがポイントです（できれば48時間以内が望ましいです）。
「小さな行動」を楽しく実行することで、ドミノのピースが一つずつパタパタと倒れていくように、問題解決への展開が、雪だるま式にグングン動き始めることになります。
「小さな行動」をすぐ実行することによって、必ずそれに対応した**リアクション（現実からの反応）が起きたり、新しい気づき（インスピレーション）を受け取ることができます。**
　そのリアクションや気づきに対して、また次の「小さな行動」を繰り返すことで、問題が解決した未来へと一つずつ導かれていくのです。

小さな一歩を楽しむと、雪だるま式に現実が変化し始める！

第5章

[アイデア発想]

創造的なアイデアと
ひらめきを生み出す図解思考

「何かいいアイデアない?」と思ったらこの図解!

「今度の季節ものの企画なんだけど、何かいいアイデアないかなあ?」
「次回のプレゼン発表ですが、新しい切り口で提案できませんか?」

　こんなふうに言われて、新しいアイデアや企画を考えることになったあなた。でも、早速、行き詰まってしまいます。
「もっと効果的に、画期的なアイデアを手に入れる方法はないの……?」
　はい、あるんです!
　マンネリ化したパターンを打破して、クリエイティブに発想したいときにも、図解思考は抜群の効果を発揮します。

アイデアは技術!!

❶ ブレスト法
❷ マンダラチャート
❸ SWOT分析
❹ マインドマップ
❺ ペルソナ法
❻ シックスハット法

アイデアは技術、
ひらめきはスキル！

　文明が高度に発達し、モノに溢れている現代において「新しいアイデア」とは、まったくのゼロから何かを生み出すことではありません。それよりもむしろ、**すでにあるものの組み合わせを変えることで、これまでになかった新しい切り口や見せ方を考え出すこと**です。

　図解思考がアイデア発想に優れているのは、**頭の中にあるアイデアの素材を視覚的に描き出すことで、それぞれのアイデア同士の新しい関係性が浮かび上がり、ひらめきや発想が圧倒的に浮かびやすくなる**点です。

「既知」と「機知」の組み合わせが、革新的な発想を生み出す

　世の中に新しい変革を生み出すような画期的なアイデアが、すでに存在している「既知」のもの同士を組み合わせる作業であるとするならば、既知の組み合わせから生まれる「機知」を、ひらめきやアイデアに活用することが欠かせないということです。

　「何かいいアイデアない？」というときにすぐに使える図解思考法として、ここでは世界的にポピュラーなアイデア発想法として**「6つの図解フレームワーク」**をご紹介します。
　新しいアイデアが必要な場面で是非活用して、新しい価値を生み出すための道具として使い倒していただければと思います。

　それではペンを持って、お好きなドリンクを飲みながら、楽しく読み進めてみてください。もしすぐに使えそうな図解を見つけたら、実際に手を動かして紙に書き出してみることをおすすめします。

❶【ブレスト法】溢れるアイデアを書き出して結びつける！

　1つめのアイデア発想法は**「ブレスト法」**です。「ブレスト」とはブレインストーミングの略ですが、頭の中のアイデアやひらめきを書いたり話したりして、どんどんアウトプットしていく中で、**ネガティブな制限を外していき、新しい視点や創造的な発想を引き出す技術**です。

　一般的なやり方としては、付せんやカードに、思いついたアイデアや考えをどんどん書き出していき、それらを並べ替えながら、面白い組み合わせを発見していきます。

　ブレスト法では「それ無理じゃない？」「できっこないじゃん？」などといったネガティブな思考の制限を外すことで、枠を超えた自由なアイデアを思いつくままに書き出していくのがコツです。

　そうすると、一見、関係のない情報同士でも、組み合わせることで新しい画期的なアイデアが生まれることがあります。

▼ポイント
- 時間を決めて、とにかく数を書き出す（質より量が大事）
- 出てきたアイデアについて否定しない（何でもＯＫ！）
- 発想を組み合わせるプロセスを楽しむ（ひらめきを待つ）

　ブレスト法では、イラストを描きながら右脳的にアイデアを可視化していくと、イメージが共有しやすく、感情もノッてきて、さらにクリエイティブな対話や発想を生み出すことができます。

　一人でも、また複数人でも使える最もポピュラーな発想法の図解化フレームワークです。

164

❶ ブレスト法

- たくさんアイデアを書き出すのがコツ
- ネガティブな制限を外す
- 新しい組み合わせを見つけると、画期的なアイデアに！

① **時間を決めて数を書き出す**（質より量！）

 10分間で！　30コ出してみよう!!

② **アイデアを否定しない**（何でもOK！）

タイムマシンとかどう!?　なんちゃって…　面白い！　あるかもー　気楽に出しやすい！

③ **プロセスを楽しむ**（ひらめきを待つ）

何か面白いつながりが見えそうだな〜!!　何がひらめくか楽しみ…!! ワクワク！

最も一般的なアイデア発想の方法じゃよ！　ムフォ…

どんなアイデアも否定しないことがポイントなんですね!!　いいね！　面白い！　OK!!

▼進め方
❶テーマ設定：目的を決める（得たい結果を明確にする）
❷拡散思考：付せんやカードに、アイデアを自由に発想し書き出す
❸収束思考：出たアイデアの中で面白い組み合わせを見つけ、具体化する優先順位を決めて計画や行動に結びつける

▼使えるシーン・分野
・新しい企画や商品のアイデアを考える
・コンテンツのネタ出し
・論文やプログラムの構成を考える

ブレスト法の進め方

❷【マンダラチャート】
9マスで新しい視点を見つける！

　2つめのアイデア発想法は**「マンダラチャート」**です。MLBで活躍する大谷翔平選手も、高校生の頃からこのマンダラチャートを活用していたことで有名なので、ご存じの方も多いかもしれません。

　仏教のマンダラを思わせる9マスのチャートを使って、**中心的なテーマから周囲の8つのマスへと立体的に発想を展開させる思考法**です。

「空欄のマスを埋めたくなる」という心理に基づいた展開型フレームワークの発想法ですが、使い方次第では様々な活用が可能です。

　アイデア発想や自己分析、目標達成で使われることが多いですが、**中心的なテーマを達成するために必要な成功要因の分析や、行動を具体化することで達成確度が高くなることにも、定評**があります。

> ▼ポイント
> ・発想の視点が多角的・立体的になる
> ・サブテーマを掘り下げて本質を抽出できる
> ・優先度が高いものを行動に落とし込める

　マンダラチャートでは思考の全体性とバランスを保ちながらも、1つずつのサブテーマを掘り下げることで、重要な本質を取り出して行動に結びつけやすいのが特徴です。

　思考の幅と深度の両方が得られるので、現実面で結果を出す発想法としても、ビジネスやスポーツなど様々な分野で活用されています。

❷ マンダラチャート

- 9マスで立体的に思考を展開できる！
- 仏教のマンダラのように、全体を俯瞰しながらバランスの取れた視野が持てる
- 成功要因の分析や目標達成の確率が高い

① 9マスの中心にテーマを描く

② 周囲の8マスに、各要素を書き出す！（サブテーマ）

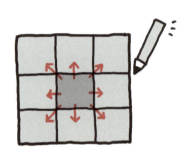

③ 外側の8つの枠にサブテーマを書いて、同じく展開

④ 最も重要なものを選んで行動につなげる！

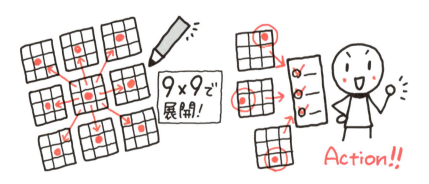

▼進め方
① 9マスの中心にテーマを書く
② 周囲の8マスに、テーマの達成に必要な各要素(サブテーマ)を展開しそれぞれ書き出す
③ さらに外側の8つの枠の中心にサブテーマを書き、周囲の8マスに各要素を展開しそれぞれ書き出す
④ 最も重要だと思われるものを3つ程度に絞り込み、行動につなげる

▼使えるシーン・分野
・成功要因の分析と目標設定
・視点を広げて成果・結果につなげたい
・立体的な視点での自己理解や自己分析

第5章【アイデア発想】

「マンダラチャート」のポイント

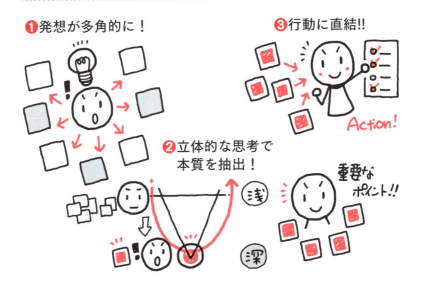

❸【SWOT分析】強みや弱み、機会を捉えてビジネスチャンスに！

3つめのアイデア発想法は「**SWOT分析**」（スウォット）です。

SWOTとは、**Strength**（強み）**Weakness**（弱み）**Opportunity**（機会）**Threat**（脅威）の頭文字をとった略語で、S・W・O・Tの4つの視点で、**自分（自社）の市場価値の最大化を分析・検討するアプローチ**です。

ビジネス分野での戦略フレームワークなので、大企業のマーケティング部門などではお馴染みですが、個人レベルの起業やビジネスなどでも、自分らしい強みを発揮して勝てる戦略やポジションを見つけるときに、とても役立つ考え方です。

SWOT分析をする前提としては、**自分たちがどの分野（市場）で、どんな商品を提案するのか？** を明確にした上で、4つのポイントを考えていきます。

①**S（強み）** 自分（自社）の強みやほかにはない独自のリソースは何か？を考えます。このときの強みとは、市場やお客さまのニーズを満たせる強みになります

②**W（弱み）** 反対に自分（自社）の弱みや苦手な部分について考えます。弱みを明確化することで、その弱みを無効化できる戦い方は何か？を考えることができます

③**O（機会）** 自分の強みを最大限に活かせる機会とは何か？ を考えます。どういう状況や市場の流れに対して強みを提案することが、自分（自社）の価値を最大化することにつながるでしょうか？

④**T（脅威）** どんな環境や状況になると最もリスクが大きいのか？ それを想定しておきます。負ける環境では決して戦わないという発想が、ポジショニング戦略の基本です

❸ SWOT分析

- チャンスやリスクをバランスよく考慮できる
- 市場の中での自分の強み・弱みを明確化できる
- 勝てる戦略とポジションをデザインする発想法の基本

分野・市場は？

 どの分野・市場に提案していく？

商品・企画は？

 あなたが提案する商品や企画は何？

---

① S 強みは？

強みやリソースは？
その軸を活かせる
戦い方は？

② W 弱みは

弱みや苦手なポイントは？
またそれを無効化するには？

③ O 機会は？

チャンスを活かして
価値を最大化するには？

④ T 脅威・リスクは？

負ける環境や状況は？
そのリスクは？

第5章【アイデア発想】

171

▼ポイント

・市場の中での自分（自社）の強みと弱みを明確化できる
・チャンスとリスクをバランスよく配慮できる
・市場全体を見ながら他の競合が持つ強みや弱みも考えてみる
・自分（自社）の勝てるポジションがより明確になる

SWOT分析の図解化フレームワークを使って考えることで、自分たちが持つ**経験・知識・スキル・才能・情熱**を、**最も価値を感じて評価してもらえる市場（お客さま）に提供する**ための、**ポジショニング思考**ができるようになります。

あなたの**価値や才能を最大化して世の中に提供するための発想法**を、SWOT分析で是非使いこなしてみてください。

▼進め方

①市場を決めて、自社が何を提供するか？　を明確にします
②**S（強み）**　自分（自社）の強みや独自のリソースを書き出します
③**W（弱み）**　自分（自社）の弱みや苦手分野を書き出します
④**O（機会）**　自分の強みを最大化できるチャンス/機会を書き出します
⑤**T（脅威）**　自分の強みが無効化されるリスクや脅威を考えます。
　　　　　　　どの分野に、どのような提供価値で参入するのがいいのかを検討します

▼使えるシーン・分野

・勝てる市場戦略を考える
・新しい企画をヒットさせる思考法
・チームや組織の中で自分が貢献できる分野を見出す

❹【マインドマップ】
イメージを図解化する世界的ツール

4つめのアイデア発想法は**「マインドマップ」**です。

まるで木の枝が生い茂るような、**放射状に広がるオーガニックな曲線の上にアイデアや情報を可視化して、構造化していく思考ツール**です。

英国のトニー・ブザン博士が開発されて、ビジネスや教育の分野などでも一般的に活用されて今や世界中で広がっています。

マインドマップには、受け取った情報を体系的に整理して記録する**レコーディングマップ（記録術）**としての活用法や、新しいアイデアを立体的に発想して可視化していく**シンキングマップ（アイデア発想術）**としての使い方などがあります。

マインドマップのブランチ（枝）は、文字を書くことはもちろん、イラストを使って視覚的に図解していくことで、脳内イメージの連鎖を広げながらクリエイティブな発想や気づきを促してくれる効果があります。

自分に合った使い方をマスターしていきましょう。

▼ポイント
- アイデアや情報を放射状に見える化して整理できる
- 脳内の発想プロセスにとって、ナチュラルに構造化しやすい
- 1枚にまとめられるので、全体像を俯瞰して理解できる
- 手描きすることで、クリエイティブなアイデアを発想しやすい

❹ マインドマップ

- 世界中で広がる思考整理と発想のマッピングツール
- 体系的に情報を1枚のマップにまとめることができる
- 色やイラストを使うことで、よりクリエイティブな発想力を引き出せる

① テーマを決めて、中央にセントラルイメージを描く

② 中央の周りにサブテーマを描き出して、ブランチを描く

③ 思考やアイデアを広げ、ブランチから枝を伸ばす

④ 色を変えたり、イラストを加えることで、イメージが広がる

▼進め方
① 「何を目的としたマインドマップを描きたいか？」というテーマを決めて、中央にそのセントラルイメージ（文字やイラスト図解）を描く
② ③の周りにサブテーマを書き出しながらブランチ（枝）を派生させる
③ サブテーマに沿ってアイデアや思考を広げながら、小さな分岐をさらに放射状に拡張して、新たな情報を付け加えていく
④ サブテーマごとにブランチの色を変えたりイラストを加えることで、イメージを広げ、気づきを深める

▼使えるシーン・分野
・アイデア発想法
・学んだ内容の全体を構造化して1枚にまとめる
・1日、1週間の目標と計画を立てる

マインドマップの特徴

❶ 発想をナチュラルに整理・構造化しやすい

❸ クリエイティブなアイデアを発想しやすい

❷ 全体像を1枚で俯瞰できる

イメージ、発想は脳内で放射状に広がる！

❺【ペルソナ法】たった一人の人に思いを寄せニーズを理解

　5つめのアイデア発想法は「ペルソナ法」です。

　ペルソナというのはパーソナルの語源にもなった言葉で「人格」を意味します。仕事やビジネスを通してあなたが何かを提供するときに、**たった一人の具体的な人をユーザーとして思い描くことで、リアリティをもってその人に貢献できる商品やサービス・企画の精度を高めていく**ことができます。

　「誰の？」（性別・職業・年代・住まいなど）「どんな悩み？」「どう解決したい？」「何のために？」などの基本的な質問を考え抜くことで、たった一人の人に深く思いを寄せることができるようになります。

　一人のお客さまの悩みや痛みや願いを本当に深く理解することができれば、それを解決するための企画・商品・サービスの開発にもつながりますし、そこを起点に、多くの人の悩みを解決したり、喜ばれる商品が生まれます。**お客さまやユーザーのニーズを理解することで、相手目線に立つことができる発想法**として、広く活用されています。

> **▼ポイント**
> ・たった一人の喜ばせたいお客さまを明確にできる
> ・お客さまへの内面への理解や共感を深めることができる
> ・お客さまに感情移入をすることで、思いやりのある企画やビジネスを創出できる

　一人のお客さまを想定して、そこにリアリティを感じることができれば、表面的には見えていない真のニーズや課題が浮かび上がってきます。

❺ ペルソナ法

- 大切な一人に思いを寄せニーズを理解できる
- お客さまのリアリティを具体化して共感できる
- 顔の見えるお客さま像をチームで共有しやすい

① 主人公は誰？

性別、年齢、職業、ライフスタイルなどを具体的にする！

② どんな悩み、課題？

今、どんなことで悩んでいるのか？どんなことに不安を感じているのか？

③ その原因は？

その原因はどこにあるのか？

④ どうなりたい？　理想のゴールは？

主人公は本当はどうなりたいのか？理想のゴールや状態は？

⑤ 何のために？（その先の未来）

それはなぜか？その先のどんな未来を手に入れたいのか？

第5章【アイデア発想】

▼進め方

図解化フレームワークとしては、以下の順番で書き出しながらペルソナ（人物）の情報を立体的に見える化していきます。

①主人公は誰？　（性別・年齢・職業・趣味）
②どんな悩みや課題？　（主人公の悩み・課題・痛み・不安は？）
③その原因は？　（悩み・課題を生み出している真の原因は？）
④どうなりたい？　（手に入れたい理想のゴールは？）
⑤何のために？　（その先の未来と、真の目的は？）

▼使えるシーン・分野

・誰を笑顔にする企画なのか、をより明確にしたいとき
・あなたの思いや価値を世の中に届けたいとき
・チームや部署で商品開発のアイデアを出し合うとき

❻【シックスハット法】
6人の異なる視点で発想を多角化

　6つめのアイデア発想法は**「シックスハット法」**です。
　シックスハットとは6つの帽子という意味ですが、**6つの異なる視点を借りて、新しい発想を具体的に**していきます。6つの視点とは**客観・主観・否定・肯定・創造・俯瞰**で、普段の自分の思考パターンとは違う視点から、多面的なアイデアを生み出せるのが最大の特徴です。

　シックスハット法はエドワード・デ・ボーノが1985年に発表したもので、一人で取り組むことも複数人のチームで行うこともできます。
　6つの帽子に紐づけられた視点は、以下のように分類されます。
　①から⑥までの帽子を順番に被りながら、一定時間の中で、帽子の視点を通して、アイデアを発想したりリスクを検証したりしていきます。

①**白色の帽子**　客観的・中立的
　　　　　　　まずは客観的な事実や数字に注目する
②**赤色の帽子**　主観的・直感的
　　　　　　　次に直感的・感情的に感じたことを表現する
③**黒色の帽子**　否定的・悲観的
　　　　　　　ネガティブなリスクを論理的に説明する
④**黄色の帽子**　肯定的・楽観的
　　　　　　　ポジティブな可能性や利益を論理的に説明する
⑤**緑色の帽子**　創造的・革新的
　　　　　　　データにとらわれない創造的なアイデアを出す
⑥**青色の帽子**　俯瞰・プロセス管理・統括的
　　　　　　　具体的な行動や実行計画をまとめる

シックスハット法は、多面的な視点からの検証を強制的に経験することができるため、チームや会議の場でも意見が割れたりムダに衝突する必要もなく、時間を短縮することができます。

一人で行う場合には、感情や視点を切り替えがポイントとなります。

▼ポイント
- 思考のクセや制限を強制的に外し、バランスよく俯瞰的に分析できる
- 多面的な視点でアイデアを検証できる
- 議論を短縮でき効果的に結論を引き出せる
- 一人でも複数人でも取り組める

▼使えるシーン・分野
- 企画やアイデアの実現可能性を考える
- チームで新しいアイデアを発想する
- 企画のリスクをスピーディに検証し、実行可能なプランを作る

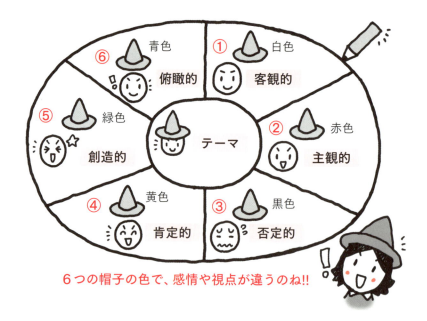

6つの帽子の色で、感情や視点が違うのね!!

❻ シックスハット法

- 1つの課題や企画を多角的な視点で検証できる
- ポジティブとネガティブのバランスをうまくとりやすい

- 実現可能なシミュレーションで、議論を省略できる

 ① 客観的　　　 ② 主観的

 まずは客観的な事実や数字に注目　　 次に主観的・直感的に感じたことを書く

 ③ 否定的　　　 ④ 肯定的

 ネガティブなリスクを論理的に説明　　 ポジティブな可能性や利益を論理的に説明

 ⑤ 創造的　　　 ⑥ 俯瞰的

 データにとらわれず創造的なアイデアを出す　　 具体的な行動や実行計画をまとめる

第5章【アイデア発想】

「何かいいアイデアない？」というとき、新しいアイデアを発想するための**6つの図解フレームワーク**を一気に紹介してきました。

まずは自分の目的に合ったアイデア発想の図解フレームを、お試し感覚で気軽に使ってみるところから始めてみましょう！

基本を理解したら**「習うより慣れよ！」**で、実際に使っていくうちにやり方やコツが自然と身についていきます。
まとめとして、この章で紹介した6つのアイデア発想法を整理しておきます。

創造的なアイデアを生み出す6つのフレームワーク

事例❶ブレスト法：
名作『ドラえもん』の誕生秘話

「タケコプター！」「どこでもドア！」などの「ひみつ道具」で有名な、国民的人気漫画の『ドラえもん』。作者の漫画家、藤子・F・不二雄氏は、まだ売れていない20代の駆け出し時代に、豊島区にある「トキワ荘」で、当時の日本漫画界の騎手であった手塚治虫氏や、若き日の赤塚不二夫氏らとともに、ひたすら漫画を描いていたことで知られています。

そんな中、昭和40年代の漫画人気と相まって、売れっ子漫画家として活躍するようになった藤子・F・不二雄氏。少年まんが誌を中心に『パーマン』や『オバケのQ太郎』などのヒット作を飛ばし始めます。

あるとき、新シリーズでの連載が決まったものの、**「肝心のネタがなかなか思いつかない……」という大スランプ**に陥ってしまいました。

締め切りの時間が刻一刻と迫る中で、担当編集者は部屋にまで押しかけて、原稿を受け取るまで帰らない！　という意気込みです。

いよいよ窮地に立たされた藤子・F・不二雄氏は、ふと部屋に転がっていたマトリョーシカのような丸い人形と、外を歩いている猫に気づきます。ネタに困って落書きをする中で、その丸い人形と猫をなんとなく組み合わせてキャラクターを描いてみたそうです。

そしてそのキャラクターは未来から来た猫型ロボットで、お腹に4次元ポケットがついていて……というアイデアを編集者に話してみると、なんとそれがそのまま採用されて、『ドラえもん』の原型になったのでした。

目の前にある既知と既知。何気ないアイデアや要素を組み合わせることで、未来から来た猫型ロボットという新しい発想（機知）が生まれ、やがて国民的な漫画シリーズ『ドラえもん』へとつながるのです。

第5章【アイデア発想】

183

事例❷ マンダラチャート：大谷翔平選手を成長させたツール

　米国メジャーリーグで大活躍する大谷翔平選手。2023年に開催されたWBCでも日本チームの精神的な支柱としてチームを世界一に導きました。そんな大谷選手が、プレイヤーとしての基礎を作ったとされる花巻東高校時代に、**「マンダラチャート」を活用して自分自身と向き合い、心と体の鍛錬を重ねた記録**が、今も残っています。

　当時の監督が指導されていた目標達成法の1つに、マンダラチャートがあり、若き日の大谷選手は、その**9マスのチャートに心・技・体・生活のテーマを細かく書き込んで、トレーニングを重ねていました。**

　野球のテクニックを訓練するだけでなく、人間性や生活面までも磨き抜いていった結果の世界的なご活躍、本当に素晴らしいですよね。

①花巻東高校時代の大谷選手は…

②9マスのチャートを書いて、結果の出るトレーニングを分析

③心・技・体・生活を具体的に高め続けたことで…

④世界的に活躍するアスリートへと成長した！

事例❸ ペルソナ法：
一人を幸せにする発想で大ヒット

　最後に、たった一人のお客さまを明確化することで、大ヒット商品が生まれたビジネスの事例をご紹介しましょう。

　スナック菓子で有名なカルビーの大ヒット商品「Jagabee」。実はその成功の背景には、ペルソナを**「27歳の独身女性、文京区在住、趣味はヨガと水泳」**という具合に、詳細に設定したことが知られています。

　当時のスナック菓子は、不健康なイメージから20〜30代女性に好まれない傾向があったため、あえてペルソナを「27歳・健康意識の高い女性」に絞り込み、素材感の強い商品に仕上げました。また、女性ファッション誌で活躍するモデルをCMに起用するなど、**設定したペルソナに合わせたマーケティング戦略も奏功、大ヒットへとつながった**のです。

①一人の人に寄り添うことで

②その悩みや痛みを理解し
　解決するための商品を作り

③たった一人を幸せにする!!

④大ヒット商品！

第6章

▶▶▶

[プレゼンテーション]

相手の心を確実に動かす！
「共感」×「納得」の図解思考

あなたのプレゼン、相手の心を動かしていますか？

「どうやったらもっと相手の心に響くプレゼンができるんだろう？」
「商品のよさだけを話しても、全然聞いてもらえてないんだよな〜」
「説明しようとすればするほど、相手の気持ちが離れていく気がする」

客先や、社内会議でのプレゼンなどの「伝える場面」で、もっと相手に刺さる提案ができたらいいのに……、と悩んでいる方は多いことでしょう。

単に情報を伝えるだけだと、退屈に感じて眠くなってしまう。
かといって、熱意や思いを伝えるだけでは説得力に欠ける……。
一体何を、どういう順番で伝えたら、相手の心と頭にしっかりと残り「伝わるプレゼン」になるのでしょう？

実は、伝わるプレゼンテーションにも、相手目線でわかりやすく伝えるためのパワフルな「型」があります。
この「型」を理解して図解化していくことで、伝わるプレゼンテーションの構成をスムーズに組み立てられるようになるのです。

この章では「伝わるプレゼン」の組み立て方とその考え方について、図解思考スキルを使って詳しくお伝えしていきます。
この章を読み終える頃には、相手の感情と知性の両方に訴えかける、わかりやすいプレゼン構成のアイデアがむくむくと湧いてきて、プレゼンの場で早く実践したくなるかもしれません。

伝わるプレゼンは図解思考で設計できる！

相手に「伝わるプレゼン」とは、一体どんなプレゼンでしょうか？

話の内容がイメージしやすい。筋が通って納得できる。話が明快でわかりやすい。気持ちに寄り添ってくれる……。

もちろん色々な要素はありますが、今回お伝えする「伝わるプレゼン」のポイントを最重要の2つに絞るとしたら、ズバリこちらです。

❶**相手に感情的に「共感」してもらうこと**（その気持ちわかるなー！）
❷**相手に理性的に「納得」してもらうこと**（それならよく理解できる）

この2つの要素を満たすプレゼンの具体的な組み立て方について、図解思考スキルを使ってご紹介していきますね。

伝わるプレゼンとは…

❶ 相手に感情的に
共感してもらうこと

その気持ちわかるなー！

❷ 相手に理性的に
納得してもらうこと

それならよく理解できる！

両方が揃うことで、伝わる‼

第6章【プレゼンテーション】

右脳と左脳の両方に
働きかけるから「伝わる」！

「伝わるプレゼン」の設計を考える際は、反対に「伝わらないプレゼン」の特徴を考えてみると、より明確に整理しやすくなります。

　例えば……、
・話している情報量は多いけれど、なぜか心に響くものがなく、聞いていて途中で退屈になってしまう。
　　→　**感情が動かされず、聞き手の「自分ごと」にはなっていない**

・話し手のやる気や熱い思いは伝わってくるけれども、十分な情報やデータがなく、説得力に欠ける提案になっている。
　　→　**具体的な情報やデータに基づく説得材料が不十分**

伝わらないプレゼンとは…

 ❶ 思いはあるけど、情報やエビデンスが足りてない…

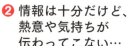 ❷ 情報は十分だけど、熱意や気持ちが伝わってこない…

信頼できない

心が動かない

伝わらない…

このように、感情と知性のどちらかだけだと、十分でない場合がほとんどです。プレゼンの内容が、感情と知性のどちらかに偏ってしまうと、共感や納得を十分に得られずに、せっかくの魅力的な提案もスルーされてしまいます。

　それでは、感情と知性の両方を満たすプレゼンテーションは、どのように構成すればいいのでしょうか？
　伝わるプレゼンのポイントは、
❶《感情》に働きかける「ストーリー」の仕掛け
　　→「共感」してもらう
❷《知性》に働きかける「事実と論理」の構成（図解化）
　　→「納得」してもらう
　この２軸を、プレゼンの構成にしっかり組み込むことが肝要です。

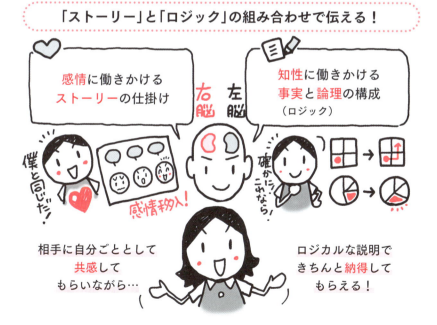

「ストーリー」と「ロジック」の組み合わせで伝える！

【右脳編】感情を動かす「ストーリー」の作り方

　それでは、相手の感情に働きかけて**「共感」を生み出す「ストーリー」**とは、どのように考えて設計するといいのでしょうか?

　それにはまず、相手が「この人、まるで私みたい!」と共感できる**「主人公」**を設定し、登場させることが最初のポイントになります。
　ここでいう《共感できる》というのは、**相手と同じような悩みや課題・願望を持った主人公である(にする)**ということです。

　例えば、もしあなたが自分と似たような悩みや課題で苦しんでいる人物に出会ったとして、さらに、その人が自分と同じ目標や願望に向かって一生懸命頑張っていることを知ったら、きっとこう思うでしょう。

「この人って、まるで僕(私)と同じ!」
「この人には、うまくいってほしい!」

　そうなのです。相手にこう感じさせる「主人公」を登場させることで、**相手はその「主人公」に自分の悩みや課題、そして願望を重ね合わせ、そのストーリーに自分から「感情移入」してくれる**ようになるのです。
　相手と同じ、悩みや課題・そして願望を持つ「主人公」を設定することが、「共感」を生み出すための設計の土台になるというわけです。

主人公の「変化」を描くと、「共感」を作り出せる

　相手が「感情移入」できる「主人公」をうまく設定できたら、次の重要なポイントは、**主人公の「変化」をシンプルに描き伝える**ことです。

194

その主人公は最初、どんなことで悩んでいて（**Before**）、最終的にはどんな結果を手に入れたいのでしょうか？（**After**）

このBefore（最初の悩みや課題）→ After（最後に手に入れる結果）の「変化」のストーリーを、**相手の悩みが解決することで願望が実現できた《成功物語》として構成する**ことで、**相手はそのストーリーに深い共感と、強い魅力を感じる**ことになります。

なぜなら、自分の悩みを解決して願望を実現してくれる理想の姿を、その「主人公」を通して、ありありと見ることができるからです。

ここでいう主人公の「変化」とは、❶《状況の変化》と❷《感情の変化》の２つの変化のこと。《状況》と《感情》の２つの願望が満たされることで、相手はそのストーリーを「自分ごと」に感じられるのです。

「共感」を生み出すメカニズムとは？

感情を動かすのは**ストーリー**（物語性）

ストーリーの主人公に自分を重ねることで〈**感情**〉が動く

↓

感情移入

第6章【プレゼンテーション】

相手が感情移入をする「主人公」のポイント5つ

「主人公」とは、あなたが語るストーリーを、相手が「自分ごと」として受け取れるような、《感情移入》のできるキャラクターのことです。
「主人公」を設定するには、第5章でご紹介した「ペルソナ法」の図解が便利です。ここではさらに詳しく考えてみましょう。

☑ ポイント❶「主人公」像を具体的に設定する

まずは「主人公」像を、具体的にイメージします。「主人公」は実在でも、架空でもいいのですが、あなたが伝えたい相手と同じ《悩みや願望》を持ったキャラクターを、具体的に設定するのがコツです。

その「主人公」の状況や感情を、ありありとイメージしてみましょう。

さらに、「主人公」の具体的なプロフィールを考えていきます。

① 性別は？　②年齢は何歳くらい？　③職業は？

⑤ ライフスタイルは？　⑤年収は？　⑥住まいや生活環境は？

具体的に考えることで、解像度の高い「主人公」像が見えてきます。

Q 主人公を具体的に設定するための質問

・あなたが力になってあげたい大切な「主人公」は誰でしょうか？

☑ ポイント❷ どんな「悩み・課題」を抱えている？

次に、主人公が抱えているネガティブな悩み・課題を明確にします。

主人公の《痛み》に思いを寄せながら、具体的に描写しましょう。

Q 主人公の「悩み・課題」を浮き彫りにする質問

・その主人公が解決したい「痛みや不安」とは何でしょうか？

・その主人公が心の中で感じている「焦りや怒り」とは何でしょうか？

> 「ペルソナ法」による主人公設定の5つのポイント

主人公とは、相手がそのストーリーを「自分ごと」にするため、感情移入をできるキャラクターのこと

主人公を効果的に設定するには、「ペルソナ法」を図解化するのが便利！

❷ どんな悩み・課題？
主人公は今、どんなことに**悩み、不安、課題**を抱えているだろうか？

望む変化

❹ 理想のゴールは？
その主人公は**どんな理想のゴールを得たい**のだろうか？ **定性的/定量的**、双方のゴールを具体化してみよう

影響

❶ 主人公は誰？
あなたが、伝えたい相手をイメージして、**その人が感情移入のできる人物像**を主人公として設定しよう

理由

❸ その原因は？

どんな背景や原因が作用して、今の主人公の課題、不安、悩みが作られているのだろうか？

❺ 何のために？

その主人公は**何のために**、理想を叶えたいのだろうか？ **望む未来**とは何だろうか？

第6章【プレゼンテーション】

☑ ポイント❸ 何が「原因」となっている？

さらに、**主人公の「悩み・課題」を作っている根本的な《原因》**について、掘り下げてみましょう。

もしかしたら、主人公の経験不足や無知が影響して、「～を知らない」「～が足りない」「～ができない」「～がわからない」という「〇〇不足」が、現在の悩み・課題を引き起こしている場合もあります。

悩みの原因や背景をより丁寧に理解することで、主人公への理解と共感が一段と深まるのです。

Ｑ 根本的な「原因」を明らかにする質問

・どんな《要素や背景》が作用して、今の主人公の「悩みや課題」「痛みや不安」が作り出されているのでしょうか？

☑ ポイント❹ 理想の「ゴール」は？

次に、その主人公が**悩みを解決して、手に入れたい「理想のゴール」**を考えます。

主人公が「理想のゴール」で手に入れたい結果については、定量的な結果と、定性的な結果の２つが出てくるかもしれません。

① **定量的な成果・結果**　　「〇件の契約を達成したい！」など
② **定性的な結果**　　「自分らしい活躍」や「幸せ」など

そのどちらにも意識を向けながら、図解で描き出して整理していきましょう。その結果、その主人公（相手）が**「理想のゴール」でどんな未来を手に入れたいのか**が、明確にイメージできるようになります。

Ｑ 主人公が描く「理想のゴール」を明らかにする質問

・主人公は、どんな「結果や状況」を手に入れたいのでしょうか？
・主人公は、どんな「感情」を味わいたいのでしょうか？

☑ ポイント❺ 何のために？

　最後に、その主人公が「何のために？」その理想のゴールを手に入れたいのか？　という《理由や目的》に思いを寄せてみましょう。

　愛する家族のために、あるいは誰かとの大切な約束を守るために、またもしくは、若い頃からのコンプレックスを何とか解決したいがために、その主人公は「理想のゴール」を実現したいのかもしれません。
　主人公の中にある深い動機や目的が見えてくると、あなたがその主人公を応援したい思いも一層強くなると思いませんか？

　主人公の❷「悩み・課題」　❸「原因」　❹「理想のゴール」　❺「目的」が図解によって「可視化」されることで、主人公が一人の人間としてリアルに生きる姿が、立体的に浮かび上がってきます。

　誰もが、心の中にはたくさんの「悩みや課題」を抱えながらも、未来への「希望や願望」」を持って、大切な人のために頑張っているのです。
　あなたがここに「共感」を寄せることこそが、実は、相手に「共感」を感じてもらうための、一番のポイントです。
　主人公が、一人の人間として抱える痛みと願いに共感を寄せることが、結果的に、相手から共感されるストーリーを作るカギになります。

「主人公」設定のプロセスというのは、本質的には、**あなたの「相手の力になりたい」という思いと、相手の「人生をもっとよくしたい」という思いの、両方の思いをつなぐ《懸け橋》の役割**を果たすのです。

　いかがでしょうか？「主人公」像を明確にすることで、あなたが語るストーリーが、相手の目線から「共感」されるメッセージへと変換される準備が整うのです。

第6章【プレゼンテーション】

199

❶Before → Afterの2コマ図解：
世界で一番シンプルなストーリー

「主人公」の設定ができたところで、ここからは「ストーリー」を組み立てる3つのパターン（型）をご紹介しましょう。

1つめのパターンは、《Before → After》の2コマストーリーです。

「え！？　これがストーリーなの？」「2コマなんて、めちゃめちゃ短くない？」と思われたかもしれませんが、実はストーリーの最もシンプルな最小単位は、Before → Afterの構成なのです。

世の中にあるストーリーとは、長い短いにかかわらず、**必ず主人公や登場人物の「変化」**を描いています。未熟で弱い主人公が、やがて成長して世界を救ったり、片思いの恋が最後は両思いになる、などです。

下記のように、**Before → After**だけでも、シンプルな「変化」のストーリーを描き出すことができます。BeforeからAfterに「変化」する際に、**主人公の感情と状況が、どう変わったのか？**　を描写するのがポイントです。状況（状態）がどう変わって、どんな気持ち（感情）になれるのか？　ここに、相手は感情移入をするからです。

①Before　主人公の「悩み・課題」を描写する
　　　　　　例：太っている・モテない・自分に自信がない
②After　主人公の「理想のゴール」を描写する
　　　　　　例：細マッチョ・モテる・自信に満ちている

Q　主人公の「Before → After」を描き出す質問
・あなたの主人公のBefore → Afterはどんな「変化」でしょうか？

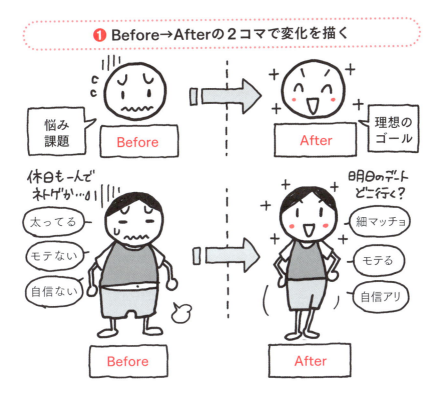

❷初め・中・終わりの3コマ図解： 3幕構成でドラマをつくる

続いては、**初め・中・終わりの3部構成のストーリー**です。

これは❶のBefore→Afterの間に何を経験すると、望む理想のゴールを手に入れることができるか？　という3つの展開を描写する構成です。

Before → Afterよりも具体的な要素を洗い出しながら、主人公の「変化」の内容をドラマチックに描写していきます。

3部で構成する際のポイントは、以下の通りです。

①**初め**：物語の始まり《悩み・課題・痛みへの共感》
（Before）　例：太っている・自信ない・彼女が気になる
②**中**：展開する《気づき・行動・出会い・変化》
（Action）　例：90日で体質改善できる方法に出合う
③**終わり**：結末・オチ《理想のゴール・目的の達成（HAPPY END）》
（After）　例：細マッチョ・自信ある・彼女とデート

この順番と要素を書き出して構成することで、最初はこんな悩みや課題の状況だった（**Before**）けれど、この商品やサービスに出合って試してみたことで（**Action**）、今はこんな理想の状態が実現できた！（**After**）というドラマを作ることができます。

Q 「3部構成のストーリー」でドラマを作る質問
・あなたの主人公の「初め・中・終わり」の3幕構成は、どんな「変化」のプロセスになりますか？

❷ 初め・中・終わりの3コマでドラマにする

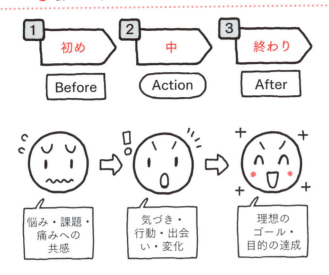

3コマでドラマを作ってみよう！

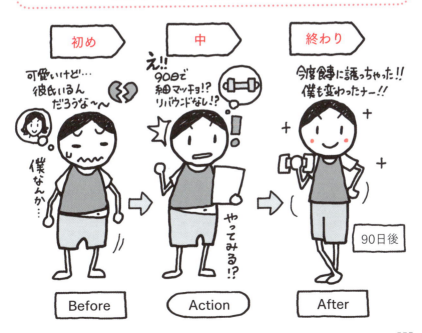

第6章【プレゼンテーション】

❸ 起・承・転・結の4コマ図解：
4場面展開で物語性を演出する

　最後は、**起・承・転・結の4コマ構成**です。
　起承転結とは、物語の始まり（起）、展開（承）、意外なアクシデント（転）、結末・オチ（結）、という4ステップの構成で、4コマまんがの解説書などにも必ず登場する、有名なストーリー構成のフレームです。
※ちなみに本書のまんがも、起承転結で構成しています。

　起承転結を構成する際のポイントは、以下の通りです。

① **起**：物語の始まり　悩み・課題・不安／主人公の目的
　　例：太っている・自信がない・彼女を誘いたい
② **承**：物語の展開　行動の結果　失敗や小さな成功
　　例：色々試したけど失敗・あきらめたくない
③ **転**：意外な出来事　アクシデント（本質的な気づき）
　　例：今度は食習慣の改善のアプローチで挑戦
④ **結**：最後の着地・オチ　理想のゴール・目的の成就
　　例：細マッチョ・自信ついた・デートOK

　映画やドラマなどの長めのストーリーの場合には「承」（展開）や「転」（意外性）の部分を複数回繰り返して、《起承承転結》や《起承転承転結》となることもあります。ただし、「伝わるプレゼン」のための構成では、シンプルに、起・承・転・結の4コマ構成で整理するのがいいでしょう。

> **Q**　「4場面展開」でストーリーを作る質問
> ・あなたの主人公の「起承転結」の構成は、どんな「アクシデントやオチ」があるストーリーですか？

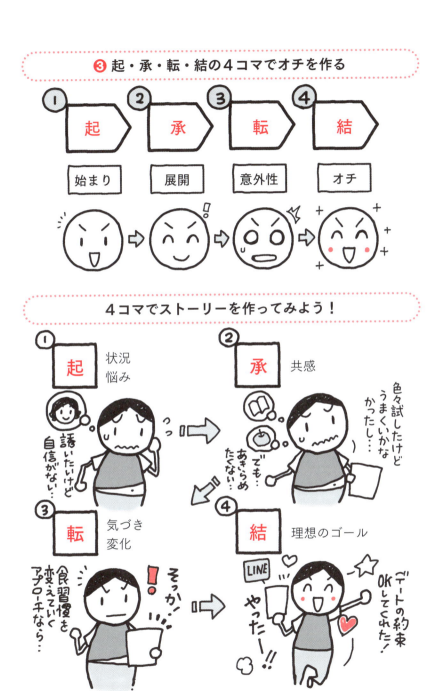

お客さまを笑顔にする「ストーリー」を組み立てよう！

　さて、ここまで一気に、相手の感情を動かす仕掛けとしての「主人公」の設定方法と、「ストーリー」の組み立て方の3つの型を見てきました。

　「伝わるプレゼン」の1つの柱である、**相手に「共感」してもらうことへのアプローチ**が、この**「主人公」設定と「ストーリー」の活用で、さらにスムーズに進められる**と思います。

　「主人公」を設定する5つのポイントでは、性別・年齢・仕事などのプロフィールを具体化した上で、「悩み・課題」、「原因」、「理想のゴール」、「目的」を描き出すことで、**一人の人間としての「主人公」に、まずあなた自身が「共感」すること**が、最も重要なポイントでした。

　「ストーリー」を組み立てるときは、❶Before →After、❷初め・中・終わり、❸起・承・転・結、の3つのフレームの中から、その時々のケースに合った構成法を選んで、主人公の「変化」のプロセスを図解化してみると描きやすいでしょう。

　あなたが伝えたい相手を「主人公」にして、その悩みと願望に深く共感しながら、その「主人公」を笑顔にする「変化」のストーリーを描いて伝えることができれば、**「これ、私のための提案だわ！」**と、相手からの「共感」を引き出すことができます。

Q 主人公を笑顔にするストーリーを作る質問

・あなたが笑顔にしたい相手（主人公）は誰ですか？
・その人の悩みを解決し、理想のゴールへ導くベストなストーリーは？

> **あなたが提供したいストーリーを設計してみよう！**

 相手が「共感」できる「主人公」を設定して、ストーリーの構成を組み立てよう。

ポイント① 主人公は誰ですか？

- **主人公は？**
  （性別、年代、仕事、ライフスタイル）

- **どんな悩み・課題？**
  （その原因は？）

- **理想のゴールは？**
  （何のために？）

ポイント② どんなストーリー構成ですか？

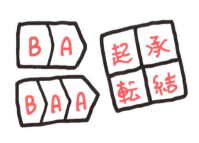

- **最初の悩みは？**
  （状況や感情を具体的に）

- **とるべき行動は？**
  （解決策や気づきは？）

- **理想の未来は？**
  （状況・感情を誰に？具体的に）

第6章【プレゼンテーション】

【左脳編】ロジックで納得へ導く図解思考

　次は「左脳編」です。ポイントは、適切な情報をわかりやすく伝えることで、❷相手に理性的に「納得」してもらうことでした。

　相手の疑問や関心に対して、ロジカルかつ直感的に情報を伝えることができれば、「なるほど、そうなんだ！」「確かに、こっちがお得かも……」と納得して、あなたの提案を受け入れてもらいやすくなります。

　ここで力を発揮するのが図解化フレームワークです（第3章を参照）。
　あなたの提案を受け入れる前と後で、具体的に「何が」「どれくらい」変化するのか？（Before→Afterの事実・実績・証拠）、そして「なぜ」それが変化するのか？（証明・エビデンス）を、図解化しましょう。

「納得」を生みだすメカニズムとは？

知性に働きかけるのは、事実と論理

事実・実績　　　　　　　論理的に
証拠・　　　を　　　わかりやすく
エビデンス

説明されると
人は納得する！

「量や数」を図解化して比較する

ロジカルな図解化のポイント、1つめは**「量や数」**の可視化です。

グラフを使って客観的な事実や数字を入れることで、提案を受ける前のBeforeの状態と、提案を受けたあとのAfterの状態で、**「何が」「どれくらい」変化したのかを、直感的にわかりやすく表現**できます。

グラフとして表現することで、「変化」の振れ幅を視覚的にも伝えることができます。下図のように、Before →Afterで「量や数」を可視化して、**「変化」のギャップ**を目に見えて比較できるかたちにしましょう。

Q ロジカルな納得を導く、「量や数」図解化の質問
- あなたが提案する《Before → After》では、具体的に何の数字（量や数）が変化しますか？

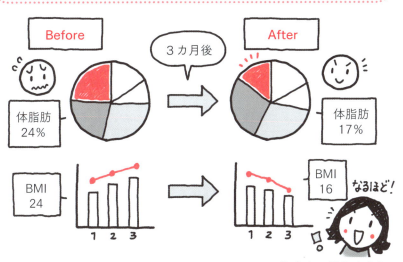

❶ 量を図解化する

数字を可視化すると一発で変化がわかる！

「ポジション・位置関係」を図解化して
戦略や計画をひと目で可視化する

　２つめは**「ポジションや位置関係」を可視化**することです。

　今の現在地点はどこにいて、目指す目標地点はどこなのかを、図解化で直感的に表現できると、その変化を起こすための方法や施策についてロジカルに伝えることができるようになります。

　図解化フレームワークとしては、第３章で学んだ**「Where ？」**（どこに？）の図解である、**「ピラミッド」**や**「マトリクス」**が活用できます。

　「ピラミッド」の場合には、階層構造で表現した段階的なポジションから、現在地はどこで、次はどこに行くために、どんな行動や戦略が必要なのかを、わかりやすく図解化することができます。

　「マトリクス」の場合には、２つの軸を設定することで、市場や環境の中で自分のポジションを可視化することができます。

　例えば、最初は不利なポジションにいたBeforeの状態が、あなたの提案を実行（Action）することで、Afterの優位なポジションに《変化》できる、といった図解です。これによって、**あなたの提案の有効性を証明できるロジックが、１つ増えることになるのです。**

　「今のあなたの肥満体質はこのポジションですが、もっと効果的に結果が出せるこの細マッチョ体質を目指しましょう。だから次の３カ月は、この食事方針と計画で進めましょう！」というような使い方です。

Q ロジカルな納得を導く、「ポジション」図解化の質問

・あなたの提案するBefore → Afterでは、具体的にどんなポジションや位置関係が変化しますか？
・また、どの図解で表現できますか？

❷ ポジション・位置を図解化する

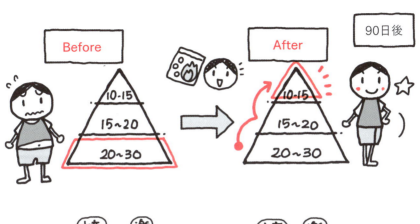

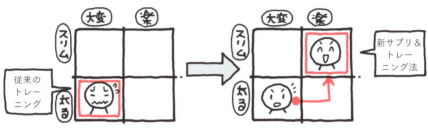

「時間・流れ」を図解化して工程をイメージする

3つめは**「時間・流れ」を可視化する**ことです。

フロー図を入れて、流れや工程のプロセスをわかりやすく図解化することで、**全体の中での位置づけや具体的なステップが理解でき、相手に安心感を与えることができます。**

また具体的な行動やステップが明確になるので、話を進めやすくなることも特徴です。サービスを受けるステップ・プログラムの流れ・お申し込み後の流れ、などで活用するといいでしょう。

Q ロジカルな納得を導く、「時間・流れ」図解化の質問

・あなたの提案では、どんなフロー図や工程表を図解化できそうですか？

❸ 時間・流れを図解化する

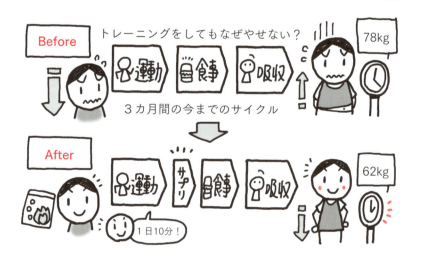

相手を納得させる「ロジック」を図解化する

　ここまで見てきたように、「納得」を生み出すロジック作りのための3つの図解スキルは、**「量と数」「ポジションや位置関係」「時間の流れ」**を、シンプルに図解化することで、**相手の知性に働きかけて、スムーズに「納得」を促すことができます。**

　また、第3章でも学んだ様々な図解フレームワークを組み合わせることで、色々なバリエーションの図解ロジックを作り出すことができます。

　是非あなたの提案に合った、ロジカルな図解化を楽しんでください！

Q ロジカルな納得を導くための図解化ワーク
・あなたの提案では、どんなロジックを図解化できますか？

------ 論理的証拠を設計する ------

① 事実・証拠は？（Before→After）

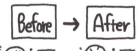

- 事実に基づくデータは？
- 効果・効能の証拠・エビデンスは？
- 実績・事例は？

② どんな図解で表現する？

- 量・割合の変化？
- ポジション・位置の変化？
- 時間・流れの変化？

第6章【プレゼンテーション】

213

【右脳×左脳編】伝わるのは「ストーリー×ロジック」の組み合わせ

　本章では、感情面に訴求する「ストーリー」の技術と、知性面に訴えかける「ロジカル図解」のスキルを学んできました。

❶《感情》に働きかける「ストーリー」の仕掛け
　→相手に「共感」してもらう
❷《知性》に働きかける「事実と論理」の構成（図解化）
　→相手に「納得」してもらう

　それでは、感情（右脳）と知性（左脳）に働きかける2つのスキルを活用して、実際に「伝わるプレゼン」を構成してみましょう！

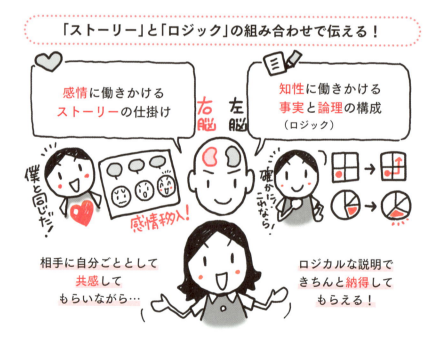

214

8コマの図解ストーリーで考える

　ここでは感情とロジックの両方を組み合わせた「伝わるプレゼン」の構成法を、8コマの図解化フレームワークを使ってお伝えします。

　8コマの構成とは、
❶悩み・課題　❷共感　❸解決策　❹理想の未来　❺理由①
❻理由②　❼思い　❽提案　の8つです。

❶悩み・課題	主人公の悩み・課題・不安を描写する
❷共感	悩みに共感して、叶えたい未来に寄り添う
❸解決策	悩みを解決できる方法を提示する
❹理想の未来	解決した先の理想の未来を描写する
❺理由①	信頼できる証拠や根拠をデータで示す
❻理由②	信頼できる実例や実績を提示する
❼思い	分かち合いたい思いやビジョンを伝える
❽提案	最初の一歩の具体的な行動を促す

　実はこの8コマの構成の中に、**共感を生み出す「ストーリー」の設計**と、**情報を効果的に伝える「ロジカル図解」の技術**、すなわち、**感情と知性の両方に働きかける「伝わるプレゼン」の要素**が、すべて凝縮されて詰まっています。
　次ページ以降で、さらに詳しく解説していきましょう。

あなたのプレゼンの
絵コンテを描いてみよう！

それでは実際に、8コマのストーリー図解を描き出してみましょう！
8コマストーリーのフレームの構成を参考にしながら、

❶悩み　❷共感　❸解決策　❹理想の未来　❺理由①　❻理由②
❼思い　❽提案　の8つの順番で、あなたの伝えたい提案を当てはめて、
描き出してみてください。

8コマストーリーの順番で整理し直すことで、**あなたが誰かに伝え
たい思いや届けたい価値を、自分目線で訴えるだけでなく、相手の目線
でもわかりやすく共感されるメッセージへと変換できる**ようになります。

あなたの頭と心の中にある要素が、実際に紙に描き出すことによって、
一つずつつながり、整理されて、**相手の心と頭に届く「共感」と「納
得」のストーリーへと集約されていく**からです。

ここでは、**正解を描くことが大事なのではなく**、手を動かしながらア
イデアを描き出すことで、頭の中の考えや思いが整理されて、「ストー
リー化」と「図解化」が進むことが一番のポイントです。ノートとペン
を用意して、まずは「主人公」の設定から書き出してみましょう。

相手目線でのストーリー化と、情報の効果的な構造化ができるように
なると、あなたの「伝わるプレゼン力」は一気に上がります。
「伝わるプレゼン」というのは、**相手が物語の「主人公」として
HAPPYになれる心のこもったストーリーを分かち合い**、同時に、その
証拠や実績をわかりやすく図解化してロジカルに伝えることです。

相手の未来に思いを寄せる「伝える技術」は、あなたの思いや価値を、相手の悩みを解決して理想の未来につなぐ「懸け橋」にしてくれます。

　共感型プレゼンの図解化によって、利他（相手のHAPPY）と自利（自分のHAPPY）が同時に満たされていくのです。

Q　8コマストーリーを描き出すための質問

- あなたが自分の思いや価値を届けたいと思っている「主人公」は、今どんな悩み・課題を持っていますか？
- また、どんな未来への願望や欲求を持っているのでしょうか？
- その主人公の悩み・課題を、理想の未来へと導くためには、どんな解決策の提案ができますか？
- あなたがその主人公に提供できる価値とは、何でしょうか？
- なぜその解決策が、主人公の悩みを解決できるのでしょうか？
- その証拠や実績を数値化して図解化すると、どうなるでしょうか？

相手の心と頭に届く「伝わるプレゼン」の仕組み

あなたが **伝えたい**

相手が **知りたい**

自分の HAPPY　相手の HAPPY

思いや価値　　　　　　　　　　　　　　悩みや願望

提案　　　　　　　　　　　　　　**課題解決**

伝わるプレゼン

第6章【プレゼンテーション】

219

8コマ図解フレームワーク（社内での新事業プレゼン）

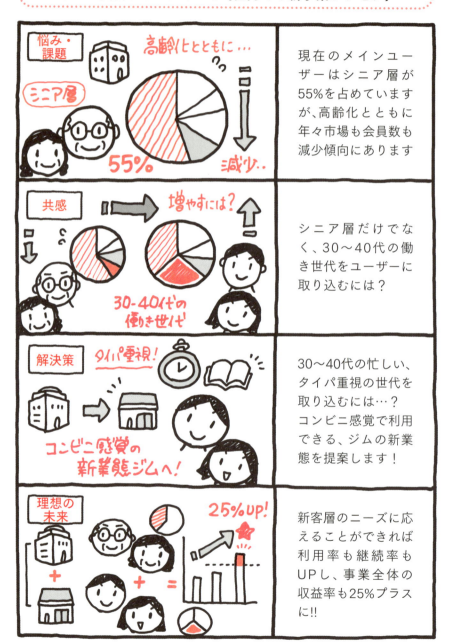

理由1 時代のニーズは？ 利便性 時間効率性　安全性	1つめのカギは、時短傾向の時代のニーズに合わせること。利便性、時間効率性、安全性の3つを基準に、新業態を発想します
理由2 エンゲージメント （顧客生涯価値） LTVの最大化	1on1カウンセリングを基本プランに、一人ひとりのニーズと満足度を高め、顧客生涯価値（LTV）を伸ばせます
思い 健康で日本を元気に!!	私たちの事業ビジョン「全世代の健康UPが日本を元気に！」を実現し、社会の発展につなげます
提案 新業態のお試しオープン!!	まずは既存事業の一部を応用して、コンビニジム＝新業態のお試しオープンを提案します

第6章【プレゼンテーション】

第7章

［目標達成］

「イメージ×感情×言葉」で
成功を現実にする図解思考

目標は紙に書くだけでは叶わない

さあ、ここまで学んできた図解思考も、いよいよ最後の大詰めです。

本書では、図解思考を使うことで、右脳のイメージ力と左脳のロジカル力をバランスよく活用できることを繰り返しお伝えしてきました。

この第7章では、図解思考を使ったイメージの可視化や情報の構造化の技術を、「目標達成」にもパワフルに活用できることを解説します。

言わば、図解思考の応用編的な内容。楽しんで読み進めてください。

紙に書き出しても目標が叶わない3つの理由

「目標は紙に書き出せば叶う」という主張を聞いたことがあるかもしれません。確かに目標を文字で書き出して言語化することで、目標が明確になり、具体的な行動につながりやすいのは間違いありません。

一方で「目標を紙に書いても叶わなかった」「行動が続かなかった」という経験がある方も、多いのではないでしょうか?

目標を書き出してもなかなか実現しないという場合、次の3つのポイントにズレが生じて、十分に機能していない可能性があります。

すなわち、

❶成功イメージが明確に描けていない
❷ワクワクの感情と目標がうまく結びついていない
❸行動が楽しく続かない

の3つです。次ページ以降、詳しく見ていきましょう。

理由❶成功イメージが明確に描けていない

目標を書き出すときには、同時に、頭の中でそれが実現したときの**成功イメージを明確に描いて「映像化」できていることが重要**です。

一流のアスリートも、成功イメージを明確に思い描くイメージトレーニングに時間を割くといわれますが、**「見えているものが、実現できる」**というのは、目標達成においては真実です。

目標を文字で単なる情報として書き出すだけで、それが成功イメージの明確化や確信につながらないと、十分ではありません。

目標が叶ったときの成功イメージを立体的に脳内で経験し、その臨場感をしっかりと味わえば味わうほど、達成と実現の度合いは高まっていきます。なぜなら、言語化とイメージ化は、達成の両輪だからです。

そしてこの、**成功イメージを映像化するカギが「図解思考」**なのです。

人は見えているものしか実現できない

①目標を書き出してみても… ②イメージが明確に描けていないと ③結局は達成できない

理由❷ ワクワクの感情と目標が うまく結びついていない

　書き出した目標が、何となく頭で考えた「できたらいいな」という程度のパワーでは、なかなか実現しないのも無理はありません。
　その目標を、行動を通じて実現し切るだけの、**燃えるような感情のエネルギーや目的意識が、圧倒的に弱く足りない**からです。

　反対に、目標を書き出しながら、心の奥からマグマのように溢れ出てくる「ワクワクする感情エネルギー」や「目的意識」を引き出すことができれば、パワフルで一貫した、大量の行動につながります。
　この揺るぎない感情エネルギーを、目標と結びつけられるようになると、あなたの目標達成力は何倍、いえ何十倍にも高まります。
　もうおわかりですね。そう、そのためのカギが「図解思考」なのです。

ワクワクが足りないと途中でエネルギー切れ

①目標を
書き出しても… ②心の中のワクワクの
感情と結びつかないと ③途中でエネルギー
切れに

理由❸ 行動が楽しく続かない

　何度か行動はしてみたけれども、途中で苦しくなって続かない場合もあるかもしれません。途中で、義務感や「やらなければ」という思いが強くなり過ぎると、**目標までの道のりが楽しくなくなるどころか、心がついていかずに疲れ果ててしまうケース**もあります。
　もちろん行動を習慣化するための仕組みや設計は大切ですが、**そもそも書き出した目標が、あなたの中のどんな「何のために？」（大切な目的）につながるのか**、確認しておくことは重要です。

「図解思考」を使えば、あなたの中の**目的意識や大切な価値観に向き合**いながら、**内面とのつながりを強めることによって、あなたらしく自然体で目標達成ができる**、思考と行動習慣のシステムが整っていくのです。

　　　　　義務感やストレスは行動にストップをかける

①行動を始めたものの… ②義務感やストレスで苦しさを感じ ③行動がストップしてしまう

「イメージ×感情×言葉」で、目標と行動計画を「図解化」せよ！

目標を文字で書き出しても叶いにくい3つの理由を、根本的に解消するためには、一体何が必要なのでしょうか？
ここまでお読みになったあなたは、もうおわかりだと思います。

それは「図解思考」で、**イメージ×感情×言葉の3つを掛け算してアウトプットしながら、目標を言語化＆可視化する**こと。

そうすることで、頭の中の成功イメージが圧倒的に描きやすくなり、またワクワクする感情と目標への行動をうまく結びつけられるようになります。その結果、行動を楽しく続けるための内面基盤と仕組みを整えることができるのです。

1年後の目標と行動計画を「図解化」で体系的に描く

それでは、目標の言語化＆可視化を、1年間・3カ月・1カ月・1週間のそれぞれの図解化フレームワークを使って、具体的に書き出していきましょう。

❶年間目標〜3カ月目標　の図解化シート（☞234ページ）
❷1カ月目標〜1週間の目標と行動計画　の図解化シート（☞244ページ）
　（1年間の目標 → 3カ月目標 → 1カ月目標 → 1週間×4回）

この2つのシートを使って目標達成を「図解化」することで、**あなたの内面から生まれる方向性と行動計画が明確**になりますし、また**長期の目標と短期の計画のバランスも取れる**ようになります。

目標達成に向けた行動を続ける仕組み

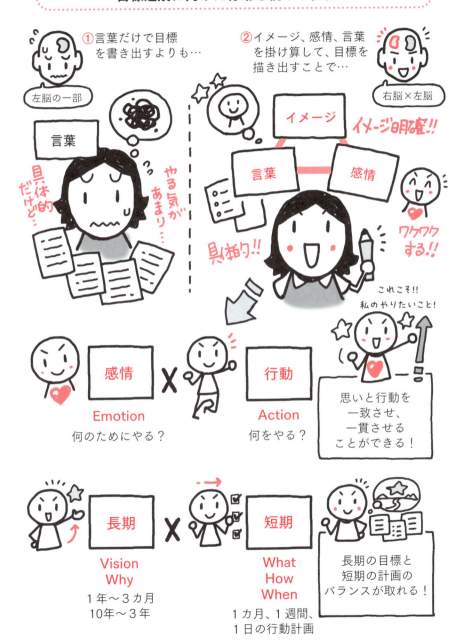

1年間の目標＆行動計画を明確にするAction Planシート

　まずは、❶の**年間目標〜3カ月目標シート**を使って、目標達成の図解化と進め方を解説します。

　このシートは、第4章で紹介した「問題解決」の4マス思考チャート（141ページ）に似ていますが、より立体的に自分の内面を理解しながら、行動計画を具体化できるように設計された図解フレームです。

　❶の**年間目標〜3カ月目標のシート**も、大きくは4つの象限から構成されています（下図）。①Before（現在／左下）、②After（1年後の目標／右上）、③Why／Mind（目的／右下）④Action Plan（行動計画／左上）の、4つの順番で描き進めていきます。

年間目標〜3カ月目標シート（ブランク）

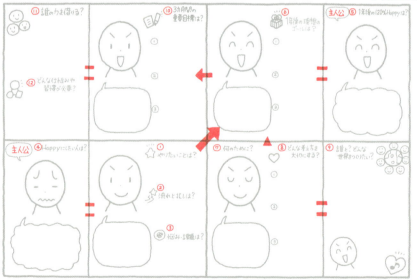

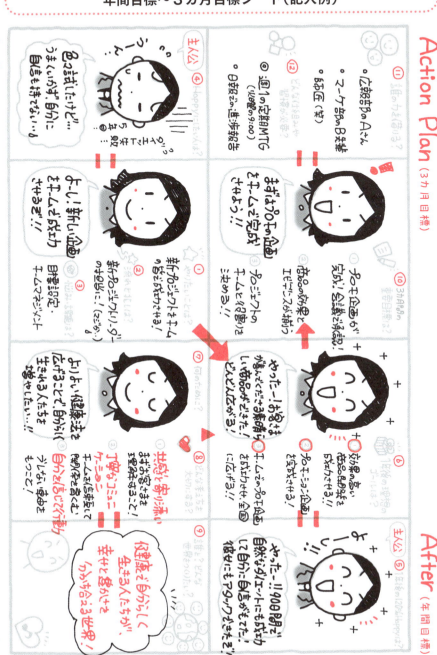

現在の願望と目標を描き出そう
―― Before（左下）：笑顔にしたい「主人公」を設定する

まずは左下のBefore（現在）ブロックからスタートします。
ここでは、あなた自身の現在や、**①今からやりたいこと　②流れと兆し　③課題や不安**　について書き出していきます。

最初にイメージイラストを描きながら、台詞で感情と状況を描写ししたら、今のあなたがこの1年間でやりたいと思っていることを書き出していきましょう。
①あなたは今、何をやりたいと思っていますか？
②今はどんな流れや兆しを感じていますか？
③今はどんな課題や不安を感じていますか？

次に、左側のボックスに移ります。ここでは、④あなたが笑顔にしたい「主人公」を一人、設定してみましょう。
《**あなたの目標達成が、誰かを幸せにするとしたら？**》という視点で、あなたが笑顔にしたい「主人公」を一人設定したら、その「主人公」の今の「悩みや課題」を台詞とイラストで描写してみてください。

この「主人公」は自分自身でもいいですし、あなたのお客さまやクライアント、家族やパートナーでもいいと思います。
ただしこの主人公が、**UNHAPPY（Before）→ HAPPY（After）に変化することで、結果的にあなたのやりたいことが実現できる、とイメージできる人物**を「主人公」に設定してください。
この「主人公」を設定することで、あなたの目標達成が**自分だけの限定的なものでなく、「誰かの笑顔」**につながる貢献への循環性を持った、利他的なものになっていきます。

❶ Beforeのブロック

Ⅰ　あなたの現在を描き出す！

Ⅱ　幸せにしたい「主人公」を設定する！

Ⅲ　主人公を設定することで、あなたの目標達成が利他と貢献につながる！

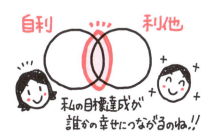

※主人公は自分自身とすることも可能

1年後の「理想のゴール」は？
―― After（右上）：主人公の最高の未来を一緒に叶える

　次は、右上の**After（1年後の理想のゴール）**ブロックを書き出します。
　あなたが設定した「主人公」が1年後に最高にHAPPYな状態になったとしたら、どんな状況でどんな感情を味わっているでしょうか？
　まずはそれを、右側のボックス⑤に書き出していきましょう。
　あなたがサポートする「主人公」がHAPPYな状態になることで、あなた自身もワクワクした喜びを感じることができるなら、その未来を実現するためのパワーは、より大きなものになります。

　「主人公」のHAPPYな未来を描き出したら、今度は《その結果》として、あなた自身がどんな理想の1年後のゴールを達成しているのかをAfterブロックの⑥のマスに描き出していきましょう。
　まずはあなたのイメージイラストを描いて、台詞を書き出します。
　1年後の「理想のゴール」が実現したときに、あなたはどんな状況でどんな感情を味わっているでしょうか？
　イメージと台詞を書き出したら、さらに3つのポイントで、手に入れたい結果を具体的に「**言語化・数値化**」してみましょう。

　Afterブロックでの「理想のゴール」を書くポイントは、**それが達成した成功イメージの解像度（臨場感）を、できる限り高める**ことです。
　「理想のゴール」で味わえる素晴らしい達成感や、満たされた感情を、イメージの中で先取りして味わってみましょう。そのとき、あなたはどこで、誰と一緒に、どんな時間を味わっているでしょうか？

　その成功イメージが《当たり前》になるくらい鮮明に思い描けると、実現への確信が深まり、粘り強く行動できるようになります。

❷ **After**のブロック

Ⅰ 設定した主人公の幸せな未来を描き出す！

Ⅱ その結果、あなたが達成したい理想のゴールを描き出す！

① 効果の高い商品開発を成功させる！

② プロモーションの企画を完成させる!!

③ チームでプロモ企画を成功させ、全国に広げる!!

Ⅲ 成功イメージの解像度が高まると、確信が深まり、目標達成力が強化される！

誰とどんな世界を作りたい？
──Why / Mind（右下）:未来への指針(コンパス)となる目的設定

　さらに、右下のWhy/Mind（目的／大切な考え方）のブロックを書き出していきましょう。
　そもそもあなたは「何のために」その理想のゴールや目標を達成したいのでしょうか？　あなたの中にある内面的な動機や目的、それが結果的に誰のHAPPYにつながるのかを思い描きながら、あなたの中の強い思いを、⑦のマスに台詞で書き出していきましょう。

　ここは、自分の「内面の声」と向き合いながら、最も深い部分にある思いを引き出す大切なプロセスになります。
　自分の内側にある「何のために？」に問いかけながら書き出すことで、**表面的な必要性だけで目標達成するのではなく、あなたの内面にある当の思いや目的意識とつながったかたちで、目標に向き合うことができます。**

　また続けて、その目標を実現していくプロセスの中で大切にすべき考え方やあり方についても、⑧で３つのポイントにまとめていきましょう。
　あなたの良心や直感が導く、大切な考え方やあり方は何でしょうか？
　この大切な考え方やあり方を明確に言語化することで、あなたの**意思決定を導く強力なコンパス（指針）**を手に入れることができます。

　最後に、その目標達成の先に**「誰とどんな世界を作りたい？」**というビジョンを問いかけながら、心の中から湧き上がるイメージや言葉を⑨に書き出していきましょう。これによって、あなたの目標達成が、どんな未来や貢献につながっているのか、より高い視座から見えてきます。
　このWhyとMindを書き出し意識することで、**あなたはどんなときも、ブレない情熱や使命感に立ち戻ることができるのです。**

❸ Why / Mindのブロック

Ⅰ 目標達成の深い目的…何のために？を描き出す！

Ⅱ 目標達成のプロセスで大切にすべき考え方を3つ書き出す！

① 共感と寄り添い
　まずお客さまを理解すること

② 丁寧なコミュニケーション
　チームを信頼して、
　関係を育む

③ 自分を信じて行動
　ブレない軸を持つこと

Ⅲ 誰とどんな世界を作りたい？

内面と行動を一致させる
―― Action Plan（左上）：未来から逆算して考える

最後に、左上のAction Plan（行動計画）のブロックを書いていきます。

ここは未来からの逆算型で3カ月間の目標と行動計画を書き出すステップになります。1年後の「理想のゴール」が実現したとしたら、**最初の3カ月で「何が、どこまで」達成できているとベストでしょうか？**
1年後の「理想のゴール」の目標をブレイクダウン（因数分解）して、3カ月後の目標へとかみ砕きながら、具体的に「言語化・数値化」していきましょう。目標は3つに絞って、⑩のボックスに書き出します。
さらに左側のボックスでは、⑪誰の力を借りるのか？　⑫どんな仕組みや習慣が必要なのか？　も併せて明確にしていきましょう。

1年間の目標達成に取り組む際には、自分一人の努力という1馬力で頑張るだけでは、十分ではないかもしれません。
誰かの力を借りて伴走してもらったり、アドバイスやサポートを受けることで、一気に達成力が高まることも多いものです。**他力を効果的に使うことで、目標をスムーズに達成する視点を考えてみましょう。**
また**目標達成に取り組むための仕組みや習慣をデザインする**ことで、行動の継続がスムーズになります。併せて書き出してみましょう。

ここまでの「図解化」で、1年間の長期目標と3カ月目標の方向性とがかなり明確になったと思います。
あなたの内面と行動を一致させ、長期目標と短期計画のバランスをとりながら、244ページ以降でさらに**1カ月目標→1週間の目標**へと具体化して行動計画に落とし込んでいきます。

❹ Action Planのブロック

Ⅰ　3カ月後の目標を3つ書き出す!!

Ⅱ　誰の力を借りるのか？

Ⅲ　必要な仕組みや習慣は？

長期目標を１カ月〜１週間の行動計画に分解する

2つめのシートは、❷「1カ月目標〜1週間の目標と行動計画」です。

先の年間目標〜3カ月目標のシートで描いた長期目標を、今度は1カ月〜1週間の目標と行動計画に分解して、具体的なActionへとつなげていきましょう。

ここでは目標の達成可能性を高めてくれる**「ＳＭＡＲＴの法則」**の活用法を紹介しながら、最終的に**「何を」「どのように」「いつまでに」行動するのか**を、具体的に決めていきます。

１カ月目標〜１週間目標＆計画シート（ブランク）

1カ月目標〜1週間目標＆計画シート（記入例）

「SMARTの法則」で
1カ月間の重要目標を設定する

　ここでは前段で書き出した「3カ月目標」から、それをさらに分解して、**1カ月間の重要目標**を決めていきます。重要目標を設定する際には**「SMARTの法則」**を使って書き出すと、とても効果的です。

　「SMARTの法則」とはS・M・A・R・Tの5つの頭文字をとった目標達成の有名な方法です。頭文字の5つのポイントは、**❶具体的　❷測定可能　❸達成可能　❹自分ごと（関連性）　❺期限が明確**　を組み込んで目標設定をすることで、達成の可能性がグンと高まります。

❶　S　Specific　　　　具体的であること（抽象的になり過ぎない）
❷　M　Measurable　　測定可能で数値化できること
❸　A　Achievable　　達成可能なレベルで現実的であること
❹　R　Relevant　　　自分に関連づけて考えられること
❺　T　Time-bound　　期限が明確であること

　例えば、ダイエットの目標を立てる場合には、
×**「今年はもっとやせて、女性にモテる自分になりたい」**ではなく、
○**「今年は6月までの3カ月間で、体重を8kg落として細マッチョ体型を達成し、自信を持って女性をデートに誘える自分になる」**

　という具合に目標設定したほうが、達成の可能性は一気に高まります。

　シートに1カ月の重要目標をイメージイラストと台詞を書き出したら、今度はそれを達成するためのサブ目標を3つ書き出しましょう。

　3つのサブ目標は、重要目標を因数分解して設定します。

　これによって、1年後の「理想のゴール」を実現するための**具体的な階段が「焦点化」**されます。**この焦点に向けて、すべての行動とエネルギーを集中させることで、重要目標が達成可能になるのです。**

246

SMARTの法則

センターピンの重要目標は
SMARTの法則を活用して具体化する

 具体的 Specific
ふんわりした定性的な目標よりも、具体的で明確な定量的な目標を設定すると、実現可能性が高まります

 測定可能 Measurable
具体的な数値で、達成度合いが測定可能な目標を設定しましょう

 達成可能 Achievable
あまり高過ぎる非現実的な目標ではなく現実的で達成可能な目標を設定するのが大切です

 自己関連性 Relevant
その目標達成が、自分自身に関連性があること（自分ごと）が大切です

 期限が明確 Time-bound
達成の期限を明確にしましょう。そうすることで、いつまでに？ 何を？ どうやって？ 実行するかに、エネルギーを集中できるようになります

第7章【目標達成】

1週間の目標と行動計画を3つのポイントで設定する

　今度は1カ月の重要目標を、**1週間の行動計画**へとそれぞれ分解していきます。1カ月は4〜5週間で構成されていますので、重要目標を達成するために、1週目、2週目、3週目、4週目で、それぞれ何をやり切るのか（達成するのか）を、ひと口サイズに分解して設定していきます。

　ここでは❶What？（何を？）❷How？（どのように？）❸When？（いつまでに？）を明確化するのがポイントです。
　シートには各週のテーマをイメージイラストで描きながら、行動計画を「言語化・数値化」して具体的に設定しましょう。**いつまでに何をするか、が明確に決まることで、一つずつの行動に集中**しやすくなります。
結果よりも、行動することを意識してまずはやってみましょう。

```
3つのポイントで1週間の行動計画を立てる
```

❶ What？
何を？

具体的に何をやるか？（達成するか）を明確にします。また、**何のために？** するかも併せて考えるとよいでしょう

❷ How？
どのように？

どんな方法、やり方、計画で達成させるか？ を考えます。自分の力だけでなく、他人の力やアイデアを借りるのも手です

❸ When？
いつまでに？

具体的な期限とスケジュールを決めます。期限が明確になると、最適な行動計画が見えてきます

成功は2度作られる！
1度目はイメージで、2度目は現実世界で

　体操競技で世界的な活躍をされた内村航平選手。オリンピック4大会連続出場、メダル7個を獲得するなど、体操界のレジェンドとして知られています。そんな内村選手も、小学生の頃「金メダルを取りたい！」と親に話したときには、まったく信じてもらえなかったそうです。

　けれども内村少年は折れることなく、**自分のノートに棒人間の図解イラストを何度も描きながら、最高の演技を繰り返しイメージしました。**その結果、イメージが1つずつ実現し、世界的な活躍につながるのです。

　成功は2度作られる。1度めはイメージの中で、2度めが現実の世界で。内村選手の物語は、成功イメージや思いを繰り返し図解化することで、**心から望む未来が作り出せる**ことを、私たちに教えてくれます。

内村航平選手の成功実現物語

①最初は誰も信じてくれない夢物語だった金メダル

②頭の中で、繰り返し成功イメージを描き続けたことで…

③1つずつそれが現実化し始め、やがては

④世界的な選手に!!

小さな行動を楽しみ、
続ける仕組みを図解化する

　行動を始めたら、途中で苦しくならずに楽しく続けるための**「仕組み」**（習慣や環境）を作ることが重要になります。
　楽しく続けるための仕組みとしては、時間と場所を決める、小さなご褒美を設定する、他力を使う、結果目標よりも行動目標を立てる、など、いくつかのコツがあります。

1. **時間と場所を決める**
　その作業をする時間と場所を決めると、行動しやすくなります。
2. **小さなご褒美の設定**
　行動したご褒美を設定すると、達成感とやる気が持続できます。
3. **他力を使う**
　苦手な作業や役割は、得意な人や専門家に助けてもらいましょう。
4. **結果目標よりも行動目標**
　結果目標ではなく、行動することを目標にすると続けやすくなります。

　また1カ月の重要目標を効果的に達成するためのポイントは、**1週間に1回は必ず「定点観測」の時間を作ってPDCAを回す**ことです。

　PDCAというのは、1 **Plan（計画）** 2 **Do（実行）** 3 **Check（評価）** 4 **Action（改善）** の4つのステップで、計画を立てて、それを実行したら、その結果を評価して、必ず改善（学びの蓄積）をすることです。

　このPDCAのサイクルを定期的に回していくことで、目標達成の精度はどんどん上がっていきます。
　新たな計画を練り、行動から学びながら、改善を繰り返すことで、目標達成力がどんどん上達していくからです。

> 目標達成のための４つの仕組みと振り返り習慣

① 行動を続ける４つの仕組み化

1 時間と場所を決める

2 小さなご褒美を設定する

3 他力を使う

4 結果目標より行動目標！

② PDCAを回す

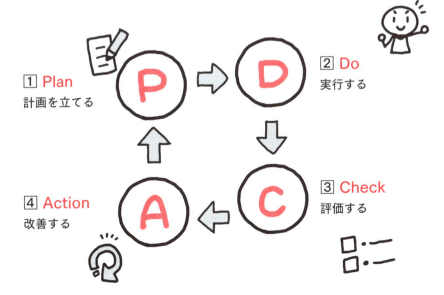

1 **Plan**
計画を立てる

2 **Do**
実行する

3 **Check**
評価する

4 **Action**
改善する

第7章【目標達成】

251

感情と行動の2つのPDCAを
「図解化」で回す

PDCAを回すときは、**感情面と行動面（数値）の両方を書き出して可視化することがポイント**です。次にご紹介するPDCAの図解化は、自分の使いやすい手帳やスケジュール帳に書き出すのもいいでしょう。

	感情面	行動面（数値）
❶P計画	何を？何のために？	次の目標と計画は？
❷D実行	やってみてどう感じた？	何がどれだけ実行できた？
❸C評価	自分なりの充実度は？	今回の結果と達成度は？
❹A改善	学びや気づきは？	具体的な改善点は？（方法）

感情面のPDCAでは、**定期的に自分の感情や気づきを書き出すことで**、自分の中の目的意識を確認したり、違和感にもすぐに気づけるようになります。感情のマネジメントができれば、ストレスの原因にも小さいうちに対処できるし、高いモチベーションを維持するための工夫もしやすくなり、健全なメンタルで目標達成に取り組めます。

行動面のPDCAでは、**定量的な数字での計測を意識することで**、具体的な結果と行動の因果関係が分析できるようになります。数字を意識して、具体的な行動や方法を改善することで、現実面での結果に影響を及ぼせるようになるのです。

PDCA を図解化することで、**感情面と行動面の2つの側面で評価と改善を定期的に続けていくこと**が大切です。

1週間に一度、15分程度でPDCAシートを書き出すことで、実行と結果への改善を継続的に回していくことができます。

何曜日の何時から、場所はどこ、と決めて継続的に取り組んでいきましょう。

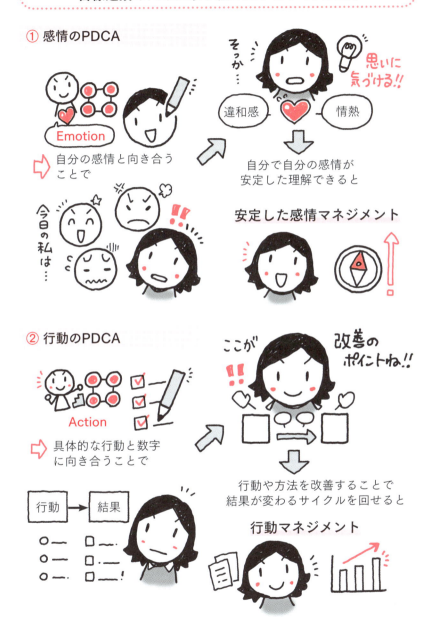

１日単位でのＰＤＣＡの回し方

PDCAは**１日単位で回す**こともできます。

図解化フレームは、以下のようなシートで1日単位のPDCAを書き出します。これも自分が使いやすい手帳やスケジュールで書き出していただいてかまいませんが、**感情面と行動面の両方が可視化**できると、より効果的です。

行動面での１日の実行タスクや結果を確認することはもちろん、１日の感情面（何を感じて、どう考えたのか？）をイラストで描き出すことで、自分の感情を客観的に認識して定期的にメンテナンスできると、感情面での健康を維持する上でとても有効です。

感情的なネガティブ（イライラ・不安・焦り）から自分を解放することで、私たちの**心と時間の余裕は増えていきます**。

１日単位のPDCA

いかがでしょうか？

「図解思考」を駆使して、右脳のイメージ力と左脳のロジカル力を組み合わせた「目標設定」をすることで、あなたの**内面と行動が結びつき、また長期と短期のバランスを上手に取りながら、楽しく行動を続ける仕組みに落とし込み**やすくなったのではないでしょうか。

図解思考を使うことで、**長期目標のレベルでは、あなたの内面に流れるビジョンや思いのエネルギーを可視化**することができます。

さらに**短期計画のレベルでは、それらを１カ月の重要目標や具体的なスケジュールに結びつけることで、現実化がスムーズに進む**のです。

主体的な生き方に目覚めた人にとっての「未来」の本質とは、**内面から溢れるビジョンや思いのエネルギー**です。

図解思考を活用することで、「成功は２度作られる」という法則を、誰でも、楽しみながら、１つずつ実現できるようになります。

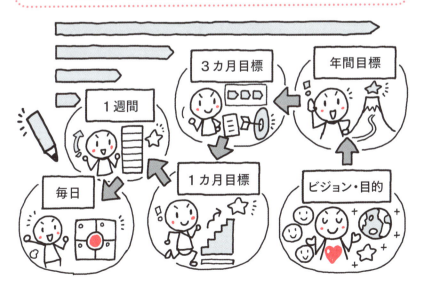

図解化×目標達成で長期と短期がつながる！

終章

▶▶▶

あなたの仕事人生を成功に導く図解思考

人生が変わる！図解思考6つのステップ

　ここまで図解思考の6つの力と、その具体的なメソッドについて、詳しくご紹介してきました。

　本書で紹介したステップを実践することで、❶情報整理　❷説明・伝達　❸問題解決　❹アイデア発想　❺プレゼンテーション　❻目標達成など、それぞれの領域でのパフォーマンスを高めながら、あなたの仕事力を爆上げしていくことができます。この6つのうちのどれか1つでも、お好きなものから是非取り入れてみてください。

　❶情報整理では、「効果的な質問」と「図解フレームワーク」を使うことで、まとまらない頭の中をスッキリと整理して、8割の結果につながるシンプルな行動へと変えることができました。
　❷説明・伝達では、5W2Hのフレームワークで、すべての知識や情報をわかりやすく構造化して、伝えるためのスキルを手に入れました。
　❸問題解決では、現在・未来・内面・行動の4つを「俯瞰」して図解化することで、どんな問題であってもスムーズに「解決策」を導き出す技術をマスターできたと思います。
　❹アイデア発想では、いつでもどこでも、新しい創造的なアイデアを生み出せる「6つの技法」を学び、活用できるようになりましたね。
　❺プレゼンテーションでは、自分の思いや価値を伝えるときに、相手の「共感」と「納得」に働きかけて、効果的に伝えるための「プレゼン構成の技術」を、体系的に理解することができたはずです。
　そして❻目標達成では、内面と感情と行動とを一致させながら、長期目標と短期計画のバランスを取ることができる、未来からの逆算型の目標達成の方法を学びました。

図解思考で身につく6つの力

① 散らかった頭の中が
スッキリ**整理**できる！

② 知識や情報をシンプルに
図解化して**伝わるかたち**に！

③ どんな問題でも新しい
解決策を見つけられる

④ いつでも、よりよいアイデアや
発想を無限に作り出せる

⑤ 相手にわかるように自分の
思いや考えを伝えられる

⑥ 自分らしい成長を楽しみながら
目標達成できるようになる！

「図解思考」はあなたの内面と
行動を一致させる

「図解思考」を駆使することで、あなたは少しずつ、まとまらない自分の思考をシンプルに整理したり、モヤモヤした感情をスッキリと解放し、自分の内面をより深く理解できるようになっていきます。

これまでは気づかずに見過ごしていた、自分の素晴らしいアイデアや、クリエイティブな解決策、「何のために？」という目的意識、また内面の大切な価値観や、未来のビジョンに至るまでが、「図解化」することで、よりスムーズに引き出しやすくなるでしょう。

あなたは、内なる「本当の思い」に気づけるようになるのです。

さらに今後は、それを図解化しながら明確に「見える化・言語化」することで、周りの人にもわかりやすく伝えることができます。
また、目標達成や効果的な行動へと結びつけながら、現実に実現できるようになっていきます。

図解思考によって、あなたは思考と感情を整え、その創造性のパワーを引き出し、あなたの思いや価値をもっと伝わりやすいかたちへと、最適に編集することができるようになります。

「図解化」は、あなたの内面と行動とを一致させてくれます。
そのときあなたは、**自分の内面に宿る偉大な力を理解し、その創造性を引き出すことで、現実をよりよい方向へと変化させる**ことができているはずです。

> 図解思考で、人はよりよい未来を手に入れられる！

① 自分の**本当の思い**に気づき

② それを**明確**にしながら

③ 人にわかりやすく **伝えたり**

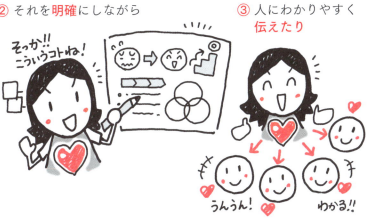

④ **実現できる**ようになっていく

「図解思考」とは
自己理解とコミュニケーションの技術

　図解思考とは、右脳のイメージ力と左脳のロジカル力を立体的にシナジー（相乗作用）させることで、自分の思考や感情を「見える化」しながら、**「自己理解」を深めることができる技術（テクノロジー）**です。

　さらには、人とのコミュニケーションの場面でも、図解思考は力を発揮します。

　例えば、あなたが誰かに自分の思いや価値を伝えたいとき。

　あるいは、相手の「共感」や「納得」を上手に引き出して、相手の感情や状況に寄り添った提案を、わかりやすく伝えたいとき。

　あなたはストーリーとロジックを使った「伝わるプレゼン」の構成を組み立てることで、**相手が解決したい悩みや課題と、あなたが提供できる貢献を、うまく重ね合わせて伝えることができます。**

　相手が願う幸せな未来、そのためにあなたが提供できる価値や貢献を、図解によって1つにつなぐことができるのです。

　あなたが「自己理解」を深めればそれだけ、相手の悩みや願いに寄り添い、相手を一人の人間として理解できるようになります。

　だからこそ、あなたの価値や才能が相手にしっかりと伝わり、思いを分かち合うことができるのです。

　図解思考で、お互いの共感や理解を深め合うことができていれば、**私たち一人ひとりが「自分らしさ」を表現することは、そのまま「誰かを笑顔にすること」と同義**になります。

　すなわち「図解思考」とは、**自利と利他を一つにつなげる懸け橋**なのです。

:::: 図解をすれば、コミュニケーション力が高まる！ ::::

図解思考を使って
実際に描き出すことで

右脳と左脳が立体的に
シナジーを生んだ結果…

① 自己理解が深まる！

② コミュニケーションが
スムーズになる！

:::: あなたの仕事人生を成功に導く図解思考 ::::

図解思考で、あなたの内面を
整え、明確にすることで

仕事や人生の結果と質が
内側から高まり続ける！

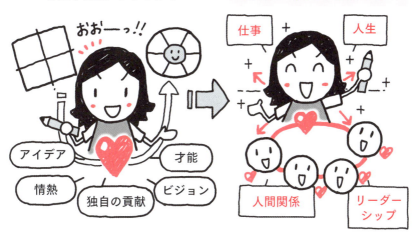

再び、始まりの場所へ──
図解思考が導く未来とは？

　図解思考は、私たちの内面と行動を一致させてくれます。

　思考と感情がシンプルで機能的になることで、**私たちの中にある創造性や問題解決力がスムーズに引き出され、目標達成を通じて、人生の最良の可能性を実現できるよう促してくれる**からです。

　また、図解思考は、**自分らしさとみんなを笑顔にして**くれます。

　「自分の伝えたい思いや価値は、相手をより深く理解することで、スムーズに伝わる」という相互理解の原則とプロセスに、私たちが意識的に取り組めるようにしてくれるからです。

　共感と納得でつながり合うコミュニケーションが広がることによって、相手の幸せや笑顔は、あなたの喜びと充実に、直結するようになります。

　図解思考が、**自利と利他を1つにつなぐ懸け橋**になるのです。

　図解思考によって私たちは、**「本来の自分」とのつながりを再び取り戻し、その喜びを表現し、生きることができる**ようになります。

　整理できないモヤモヤや、言葉にならないイライラ、なかなか進まない仕事やタスク、それらはみんな図解思考に沿って整理し始めることで、本来の場所にスッキリと収まり、それぞれに大切な役割を果たせるようになるのです。

　本書の最後に、あるエピソードをご紹介します。

　「図解思考」が仕事力を爆上げする技術として体系化されていくきっかけとなった、**ある小学生の男の子の「物語」**です。

　十数年前の、この男の子との出会いとその「物語」が、私たちの出発点の1つになりました。

266

図解思考がみんなを笑顔に

① 内面と行動を一致させる

② 自利と利他を１つにつなぐ懸け橋になる

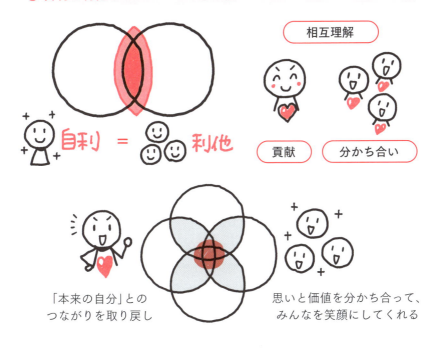

「本来の自分」との
つながりを取り戻し

思いと価値を分かち合って、
みんなを笑顔にしてくれる

ある小学生の男の子に起きた「奇跡の物語」

それは十数年前のこと……。私たちが千葉県のある公立小学校に、イラスト図解の授業の講師として訪れたときのことでした。

体育館に150人ほどの生徒が集まり、私は「感情表現をイラストで描く方法」という90分間の授業をさせていただきました。

簡単な線と形を使って顔のパーツを描き分けることで「うれしい」「悲しい」「怒る」「驚く」など、色々な感情表現を簡単なイラストで描けるスキルを学びながら、子どもたちはもう、大変な盛り上がりです。

それぞれに個性溢れる素敵な作品ができあがっていくのを見届け、授業の最後に、私が、「何か質問はありますか?」と聞きました。すると、一番後ろに座っていたある男子生徒が、思いきり手を挙げて、スクッと立ち上がり、こう言ったのです。

「先生、僕にこんな才能があることに気づかせてくれて、ありがとうございました!」

この言葉を聞いて、私は「しっかりとした発言ができる生徒さんがいるんだなぁ!」と感心していたのですが、ふと、その男子生徒の斜め後ろを見ると、授業を見学に来ていた校長先生と学年主任の先生が、涙ぐんでいらっしゃる姿がありました。

男の子の衝撃の過去

授業のあとの校長室で、その涙の理由を尋ねてみると、校長先生が伏し目がちにこう打ち明けてくださったのです。

「実は、あの子はね。2年前にお母さんが急に亡くなって以来、宿題は

やって来ない、テストは白紙で提出する、授業中はじっと座っていられずフラフラしてしまう。我々大人がどんなに言っても、誰の言うことも聞かない、そういう子になっていたのです」

「それが、今日は90分、じっと座って、一度も席を立つことがなく、楽しそうに授業に取り組んでいる。**あの子のあんな姿は、久しぶりに見ました。**さらに、最後、自分から手を挙げて、あのような発言をするなんて……」

　言葉に詰まっておられる校長先生のお話を伺いながら、私たちは、彼が描いた作品を探して見てみました。

「！！??」
　その絵を見た瞬間、私は涙が溢れて止まらなくなってしまいました。

「図解思考」確立のきっかけとなった１人の男の子との出会い

なぜなら、彼の作品には、彼が今までうまく言葉にできなかった、**心の奥底の深い悲しみや、やり場のない怒り**など様々な感情が、イラストや台詞、そして鮮烈な色彩となって、表現されていたのです。
　それはもう、壮絶とも言える、彼の思いの吐露でした。

　おそらく彼の中で、**突然お母さんを亡くしてから**これまで、**うまく整理できなかった悲しみや怒りなどの強烈な感情が、イラスト図解を描くことで1つずつ解放**されていき、ようやく**自分自身の「思い」として、表現**することができたのでしょう。

　どうして自分ばかり、大好きなお母さんを失わねばならなかったのか。
　どうして自分ばかり、こんな寂しい思いをしなければならないのか。
　大好きなお母さんに、もう二度と甘えることも許されないのか。
　大好きなお母さんに、「ただいま！」を言うこともできないのか。
　大好きなお母さんに、「ありがとう」を言うことも、できないのか。

　お母さんを亡くしてから、彼の中に渦巻いていた、やり場のない怒りや悲しみ、そして、言いようのない寂しさ……。
　その痛ましい気持ちを思うと、私自身も、涙を堪えることができませんでした。

　そして、先程の体育館の授業での、男の子のあの言葉がよみがえってきました。
「先生、僕にこんな才能があることに気づかせてくれて、ありがとうございました！」

　彼は、確かにあのとき、自分からそう言ったのです。
　校長先生の涙の意味が、改めて、私の胸に突き刺さってきました。

イラスト図解が持つ、癒やしと再生のパワー

2年前に、急にお母さんが亡くなったことで…

心を閉ざし問題行動に…

ずっと言葉にできなかった思いを
イラスト図解の授業で描き出したことで…

自分の中の**本当の思い**や
閉ざされていた**才能**にも気づけるように…！

イラスト図解を描くことによって彼自身が、自分の中の深い悲しみや怒り、寂しさとようやく向き合うことができ、そして、未来に向かう希望と才能のエネルギーを、自分の中に、少しずつ見出すことができたのではないでしょうか。

　私はこのとき、改めて気づかされたのです。

　イラスト図解を描く技術そのものが、**言葉を介さずに、人の心そのものにつながる力があることに。**

　内面の感情や思考の絡まった糸を、1つずつ解きほぐして解放し、その人の本来の才能や可能性を引き出す力があることに。

　この強烈な体験から、私たちの「図解思考」の研究と体系化への情熱に火が灯りました。優秀な講師であり、経営者でもある妻とともに、図解やイラストを使って、3万人を超える方々に「図解思考」を指導する中で、本書でご紹介したような**自己理解と相互理解のコミュニケーション技術**として、1つずつ体系化していきました。

あなたの才能と創造性を解き放つ「図解思考」

　近年のAIやテクノロジーの急速な進歩を受けて、私たちは今まさに、**人間にしかできない価値創造**とは何か、改めて目を向ける必要に迫られています。

　そう考えると「図解思考」は、目に見えない私たちの内面領域を視覚化することで、私たちの**「想像力」と「創造力」を掛け合わせ、みずみずしい状態で取り出すことのできる最高の手段**といえます。

　さらには、相手との共感や相互理解を紡ぎ出す「コミュニケーション力」が高まることで、この地球上で**自分にしかできない大切な役割や価値創造のあり方を、1つずつ確実なものへと変えていく**ことができます。

　図解思考は、私たち一人ひとりが本来持っている「自由な創造性」を解き放ちながら、思いやりの心を持って、他者とその才能を分かち合う未来を一緒に作り出すことができるツールなのです。

図解は想像力と創造力を解き放つ

図解化スキルで、あなた独自の考え方や
才能を伸ばしていくことで
あなたらしい想像力（イマジネーション）と創造力（クリエイティビティ）が磨かれる

AIやテクノロジーと共生する時代の中で、
あなたにしかできない役割や価値を見つけることができる!!

思考の整理が苦手な人に…
―― 紙とペン１本で、人生は変わる！！

==「図解思考」で人生は変わる！== このメッセージが、本書を貫く主旋律でした。本書をここまでお読みいただいたあなたには、人生を変える「図解思考」のパワフルな効果を、強く感じ取っていただくことができたのではないかと思います。

序章でも触れたように、**私は「図解思考」を活用することで、どん底だった人生が180°変わりました**。30代半ばで起業した当初は無一文からの……、いやむしろ借金を背負って、マイナスからのスタートでした。
　自分の能力や才能をうまく活かす方法がわからずに、起業に失敗して、反対に借金を背負ってしまったわけです。自分の思いや価値がうまく伝わらずに、悔しい思いをしたことも、一度や二度ではありません。
　目標を立てても行動が続かずに、自信をなくしてばかりでした。

そんな私でも「図解思考」で、頭の中を整理することができました。
　自分の能力や才能を一つずつ体系化して、思いや価値をみんなと分かち合うことができるようになりました。その結果、自分らしさとみんなの笑顔が、少しずつ、１つに重なり始めたのです。
　紙とペン１本さえあれば、あなたがいる今この場所から、いつでも新しいアイデアと行動で、価値や変化を創り出すことができます。

　これからの時代、==最大の資産は、私たち自身の「心」==です。
　自分の内面とその創造性を深く理解し、相手の内面をも理解し合うことが、人生の豊かさと幸福の揺るぎない源泉であると信じます。
　「図解思考」は、私たち一人ひとりが、本当の心の拠り所・人生の目的と役割を見つけていくための、大きな手掛かりを授けてくれるのです。

おわり

終章　あなたの仕事人生を成功に導く図解思考

あとがき

ここまで読んでくださったあなたに、何よりも心からの感謝を一番にお伝えいたします。本書の最大のチャレンジは、「図解思考」の体系的なスキルを、私自身が図解思考をフルに使って、読んでくださる方にわかりやすくお伝えすることでした（いかがでしたでしょうか？）。

本書でのあなたとの出会いがご縁となって、あなたの人生や仕事の中で、1つの素敵な「変化」が生まれますように。

蝶の羽ばたきのように、小さな変化がやがては大きく素晴らしい未来へとつながっていくことを願っています。

また本書の執筆に際して、仕事や生活のすべての面で献身的に支えてくれた妻・りえさんに、心から感謝いたします。パートナーである妻と、家族・両親の支えがなければ、文章と図解とまんがの三つ巴で数カ月の執筆三昧行を要した本書は、到底完成することはありませんでした。

重ねて、粘り強く見守ってくださった三笠書房の皆さま、また執筆の応援をいただいた小林ご夫妻や我妻さんにも感謝申し上げます。

図解思考で一緒に自己実現を楽しむ、「イラスト思考」コミュニティの仲間の皆さんにも、快くご協力をいただきありがとうございました。

また企画段階から応援してくださった本田健さんにも、夫婦ともに親身なサポートと導きをいただき感謝申し上げます。

最後に、これまでの未熟な私の歩みを、何とか導いていただいた天命のご縁と、「図解思考」を日本から世界に分かち合うことを後押ししてくださる、祖師方・先師方にも、心よりの感謝と精進を申し上げます。

穏やかな心の平和と、分かち合う豊かさの幸福な世界に向かって。
いつかあなたとご一緒できることを楽しみに。

松田　純　　合掌

「図解思考」で自分らしさを取り戻そう！

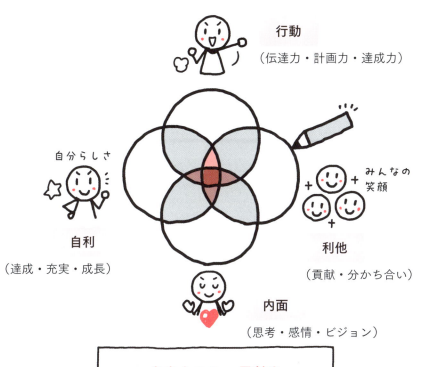

…という訳で！

研修で大好評だった教材を
読者の皆さまにもお使いいただけるよう
特別にご用意しました!

\ な、なんと! /

計75点のダウンロード特典

① **イラスト素材 48点**
本書では紹介しきれなかった
追加イラストの素材集

② **図解ワークシート 24点**
本書で紹介した図解フレームワークの
ワークシートPDF

③ **解説動画 3点**
イラスト・図解・活用法の動画

こちらから
\ ダウンロード /

紙とペンを
用意するのじゃ!

動画があるから
初心者でも
大丈夫!

仕事力を爆上げする「図解思考」

著　者──松田　純（まつだ・じゅん）
発行者──押鐘太陽
発行所──株式会社三笠書房

〒102-0072 東京都千代田区飯田橋3-3-1
https://www.mikasashobo.co.jp

印　刷──誠宏印刷
製　本──若林製本工場

ISBN978-4-8379-2987-1 C0030
Ⓒ Jun Matsuda, Printed in Japan

本書へのご意見やご感想、お問い合わせは、QRコード、または下記URLより弊社公式ウェブサイトまでお寄せください。
https://www.mikasashobo.co.jp/c/inquiry/index.html

＊本書のコピー、スキャン、デジタル化等の無断複製は著作権法上での例外を除き禁じられています。本書を代行業者等の第三者に依頼してスキャンやデジタル化することは、たとえ個人や家庭内での利用であっても著作権法上認められておりません。
＊落丁・乱丁本は当社営業部宛にお送りください。お取替えいたします。
＊定価・発行日はカバーに表示してあります。